KB272877

저널리즘이 본 한국경제

저널리즘이 본 한국경제

배 정 근

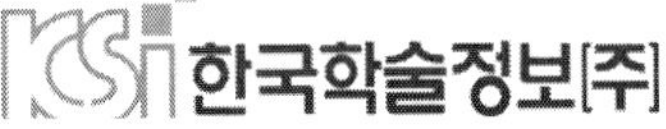

2004년부터 3년간 몸담았던 우리금융지주회사를 지난 3월 떠나며 직원들에게 '깔딱 고개'를 이야기했다. "1등 은행이 되기까지 얼마 남지 않았지만 은행이 산의 정상 앞에 있는 험난한 '깔딱 고개'에 서 있는 느낌"이라는 내용이었다.

지금 한국 경제를 보면서도 같은 생각을 해본다. 앞서 가던 일본은 한동안 머뭇거리는가 싶더니 멀찌감치 달아났고, 무서운 기세의 중국은 턱 밑까지 쫓아왔다. 우리 경제는 그간 사력을 다해 달려 온 탓인지, 체력이 고갈됐다. 풀린 다리는 좀처럼 말을 듣지 않는다. '선진 경제'라는 정상을 앞에 두고 가파른 '깔딱 고개'에서 허우적거리는 느낌이다.

오랜 기간 경제기자로 탁월한 능력을 보여줘 온 배정근 한국일보 논설위원이 집필한 '저널리즘이 본 한국경제'는 적절한 시점에 이 같은 문제의식을 담은 책이라는 점에서 반갑다. 이 책은 근거 없는 낙관론으로 일관하거나, 해법 없는 비관론에 집착하지 않는다. 저자의 폭넓은 경험과 경제 지식을 바탕으로 한국 경제의 좌표가 어디이며, 어떤 문제점을 안고 있고, 가야 할 길은 어느 방향인지를 냉철하고 객관적인 시각으로 풀어내고 있다. 화려하고 가벼운 문체에만 기대 수박 겉핥기식의 접근에 그치고 있는 여타 책들과는 분명 차별적이다.

이 책은 독자들에게 최근 언론이나 여론 주도층이 쏟아 내는 정제되지 않은 '한국 경제 위기론'의 본질에 대해 체계적인 시각을 갖추는데 상당한 도움을 줄 것이라 생각한다.

'깔딱 고개'가 없는 높은 산은 없다. 넘어야 할 고개가 만만치 않은 것은 분명하지만, 산을 정복하기 위해서는 반드시 거쳐야 할 관문이기도 하다. 지금 우리 경제가 거기에 서 있다. 아무쪼록 저자의 역저(力著)가 우리 경제의 선진 경제로의 진입이 단지 꿈에 그치지 않고 실현 가능한 비전으로, 나아가 현실로 이뤄지는데 크게 기여할 수 있기를 바란다.

2007년 5월
황영기
전 우리금융지주 회장 겸 우리은행장

일선 기자로 시작해서 경제부장, 논설위원으로 오랫동안 경제문제를 다루었지만, 경제현상을 제대로 이해하고 예측하기란 정말 어렵다는 사실을 절감하곤 한다. 오죽하면 케인스 같은 이도 "경제학의 대가는 성인(聖人)의 자격에 요구되는 능력보다 더 출중한 능력을 갖춘 인물"이라고 했겠는가. 내로라하는 전문가들이 내놓는 경제 분석과 전망도 지나고 보면 틀리는 경우가 허다하니, 비전문가인 기자들의 분석이야 말할 것도 없다. 또한 직업 특성상 두더지잡기 게임처럼 그때그때 떠오르는 이슈를 따라가기에 급급하다보니 체계적인 지식과는 원래 거리가 멀다. 그렇게 부족함을 자인하면서도 한국경제에 대한 책을 쓰게 된 나름의 변명은 기사를 쓰면서 화두(話頭)처럼 매달려온 물음에 대해 스스로 정리해보자는 생각에서다.

돌이켜보면 세계 최빈국에서 세계 11위의 경제대국으로 성장한 한국경제의 성공신화는 세계인 모두가 진심으로 부러워하고, 찬사를 아끼지 않는 기적적 성취였다. 그 영광은 특정 지도자의 몫도, 정부나 기업의 공도 아니다. 그 시대를 살았고, 오늘을 살아가는 우리 국민 모두가 함께 자랑스러워해야 할 시대적 업적이다. 유교적 전통 탓인지 우리는 스스로를 칭찬하고 격려하는 데 인색하지만, 적어도 경제발전부분에서만큼은 자화자찬이 부족하지 않다.

하지만 과거가 미래를 보장하지는 않는다. 경이적 성장가도를 달려온 한국경제가 앞으로도 그러리라고 장담할 수 없다는 얘기다. 이미 1997년 외환위기를 맞으며 한차례 심각한 좌절을 맛보았다. 그후 10년이 지났지만 한국경제가 위기를 부른 구조적 취약성을 극복했다고 말하기 어렵다.

일부 대기업과 몇몇 핵심제품이 경제를 먹여 살린다 해도 지나치지 않을 정도로 편중된 구조, 경제의 기초를 이루는 중소기업의 낮은 경쟁력, 정부의 과대한 영향력과 규제, 교육과 금융 같은 고부가가치형 서비스산업의 취약성, 적대적 노사관계 등이 그렇다. 여기에 외환위기의 후유증으로 과감한 투자와 모험적 기업가 정신이 퇴색되고, 저출산 고령화가 급속히 진행되면서 경제 활력이 현저하게 떨어지고 있다. 기존 성장엔진은 식어가지만, 미래를 살찌울 새로운 성장동력은 찾지 못하고 있다.

과연 한국은 이 고비를 극복하고 선진경제로 진입할 수 있을까? 바로 필자가 해답을 찾고자 매달려온 화두이자 국가적 과제이다. 아직도 깨달음은 얻지 못했다. 그러나 그 역사적 목표점에 도달하기 위해 우리가 해결해야 할 과제들은 나름대로 정리할 수 있었다. 이 책은 그렇게 끝나지 않은 고민을 담은 책이다. 선진경제로 가기 위한 과제들을 분야별로 짚어보고 나름대로 대안을 생각해 보았다. 필자가 그동안 한국일보 지면을 통해 쓴 글 가운데 주제에 부합하는 글은 일부 그대로 전재했다.

보잘 것 없는 내용이지만 한국경제의 선진화를 위해 이 책을 바치고 싶다. 그리고 책을 내도록 격려해준 사랑하는 가족들과 출간의 기쁨을 나누고 싶다.

2007년 5월 20일 필자

제7부 기업과 기업인

제8부 노사관계

제9부 제도와 의식

제1부

경제 구조의 선진화

"선진국의 꿈 가능한가?"

한국경제의 비전은 무엇인가. 두말할 필요도 없이 선진경제로의 진입이다. 경제적인 측면에서의 선진화만 의미하는 것은 아니다. 중동의 일부 산유국은 1인당 국내총생산(GDP)으로 보면 선진국 수준에 있지만, 아무도 이들을 선진경제로 분류하지 않는다. 경제의 양적, 질적 측면뿐 아니라 사회적 제도와 의식, 삶의 질이란 총체적 차원에서 선진화를 달성하는 것이 우리의 목표다.

한국경제의 미래에 대해서는 극단적인 낙관론과 비관론이 어지럽게 교차한다. 그 전망의 편차가 너무 심해 종잡기 어려울 정도다. 이왕이면 기분 좋게 낙관론부터 살펴보자.

프랑스의 석학 자크 아탈리는 2007년 초 출간한 미래예측서 <미래의 물결>을 통해 2025년 한국이 세계 11대 강국이자 아시아 최대 경제강국으로 부상할 것이라고 내다봤다. 한국적 모델이 일본에서조차 모방 움직임이 일어날 정도로 각광을 받으리라는 예측도 덧붙였다. 한국의 통일과 개방적 인재정책 등 몇 가지 전제가 있긴 하지만, 너무 장밋빛 전망이라 "설마……"라는 소리가 나올 정도다.

그러나 세계적 명성의 글로벌 투자은행 골드만삭스도 비슷한 분석을 했다는 사실을 알게 되면 조금 생각이 달라진다. 골드만삭스는 현재 한국의 국가GDP는 8,140억 달러로 세계 11위이지만, 2050년이 되면 1인당 GDP가 81,000달러로 미국에 이어 세계 2위의 부국이 되리라고 예측했다. 골드만삭스는 2003년 브라질(Brazil) 러시아(Russia) 인도(India) 중국(China)이 50년 후면 GDP 규모에서 현재의 선진 7개국(G7)을 제치는 신흥 강국이 된다며 '브릭스 (Brics)'라는 신조어를 만들어냈다. 이들 나라는 세계 인구의 43%, 면적의 26%를 차지하는 대국이다. 실제로 그후 이들 국가들이 눈부신 발전을 보이면서 브릭스는 세계적으로 통용되는 용어가 됐다. 골드만삭스는 이들 국가군에 '한국(Korea)'을 추가해 'Bricks'로 표기를 바꾸자는 제안도 했다.

국외보다 국내에서 더 팽배한 비관론은 한국경제의 구조적 취약성을 문제 삼는다. 한국경제에 가장 먼저 불길한 예언을 던진 장본인은 미국의 저명한 경제학자인 폴 크루그먼 프린스턴대 교수다. 그는 1994년 <아시아 기적의 신화>라는 글에서 한국경제는 생산성 향상보다는 노동과 자본에 의존한 요소투입형 경제이기 때문에 조만간 성장의 한계에 부딪칠 것이라고 예언했다. 그는 과거 소련이 2차 세계대전 이전에 눈부시게 성장하게 된 비결은 인적, 물적 자본을 강제로 동원한 결과였으며 지금의 아시아 '호랑이'들도 마찬가지라고 단언했다. 그의 주장은 2~3년 뒤 한국을 비롯한 아시아 국가들이 외환위기에 빠지면서 예언자적 통찰이라는 찬사를 받기도 했다.

한국경제가 물량 공세를 통해 성장해 왔다는 지적은 여전히 유효하다. 지난 10년간 총요소 생산성 증가율은 1%에도 미치지 못한다는 분석이 이를 입증한다. 1997년 외환위기를 극히 짧은 시간내에 극복했다고 세계가 찬사를 보냈지만, 그 비결도 따지고보면 물량 쏟아붓기의 결과이다. 온 국민이 나라를 살리기 위해집안의 금붙이를 모두 내놓은 극적인 장면도 있었지만, 벤처산업에 돈을 쏟아붓고, '개도 물고 다닐 정도'로 남발된 카드가 소비를 살린 것이 결정적이었다. 그 후유증으로 몇년 후에는 다시 카드대란으로 경제가 혼란에 빠졌지만, 역시 공적자금이라는 자본투입을 통해 이를 해결했다.

그림 | 1

〈자료 : 산업자원부, 재정경제부〉

　그러나 오늘의 한국경제를 있게 한 물량 공세도 이제는 옛 이야기다. 매년 투자가 급격히 감소하면서 경제의 성장엔진이 식어가고 있다. 투자를 하더라도 해외에 하고, 공장을 짓더라도 중국에 짓기 때문이다. 2006년 현재 우리나라의 해외 직접투자액은 184억 6,000만 달러(5,250건)로 전년보다 2배나 늘었다. 16년 만에 가장 높은 증가율이었다. 그러나 국내 투자는 갈수록 쪼그라든다. 외환위기 직전 7년간 연평균 설비투자 증가율은 8.4%였지만 2001~2005년 5년간 연평균 증가율은 고작 1.2%다. 같은 기간의 성장률(4.5%) 수준에도 한참 못 미친다. 투자가 줄면 일자리와 소득이 줄어 내수부진으로 이어지고 다시 투자 감소를 부르는 악순환이 가속화한다.

" 열쇠는 활력과 자신감 "

한국이 1인당 국민소득 1만 달러를 넘은 시기는 1995년이었다. 당시 경제는 7%가 넘는 고도성장을 지속하고 있었기에 선진국 기준으로 통하는 2만 달러 달성도 멀지 않아 보였다. 당시 서방 선진 7개국(G7)의 평균 소득은 2만 4,273달러였다.

그러나 10년 이상이 지난 지금 한국은 아직도 2만 달러의 벽을 넘지 못하고 제자리를 맴돌고 있다. 2006년말 기준으로 한국의 1인당 국민총소득(GNI)은 1만 5,840달러로 세계 49위 수준이다. 환율이 급격히 떨어진 덕분에 올해는 대망의 2만 달러 돌파 가능성이 있다. 그러나 선진국 기준은 이미 3만 달러로 더 높아졌다. G7의 평균 소득은 3만 7,000달러에 이른다.

다시 3만 달러 달성을 위해 뛰어야 하지만 결코 쉬운 일이 아니다. 같은 1만 달러의 벽이라고 하더라도 3만 달러를 돌파하기 위한 노력은 2만 달러를 넘는 일보다 훨씬 힘이 든다. 경제가 일정궤도 이상 올라가면 성장률은 낮아지기 때문이다. 선진국은 3~4%만 성장해도 고성장이라고 할 수 있지만, 우리 입장에서는 그렇지 못하다. 1인당 국민소득 3만 달러를 돌파하기 위해서는 최소한 5%이상 성장을 지속해야 한다. 향후 매년 5% 성장을 지속한다면 2012년 3만 달러를 돌파하게 된다. 평균 성장률이 6%로 높아진다면 시기는 더욱 당겨지게 된다. 참여정부가 마련한 '비전 2030'은 2030년의 1인당 국민소득을 4만 9,000달러로 예상하고 있다.

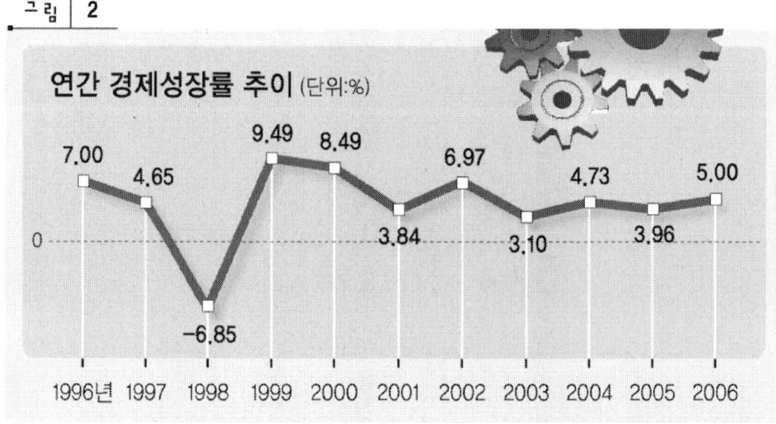

그러나 이러한 목표를 달성하는 데는 심각한 장애물이 있다. 바로 저출산 고령화 추세이다. 세계 어느 나라보다 빠른 고령화로 인해 한국은 2019년쯤 65세 이상 노령인구가 전체의 14%를 넘는 '고령사회'에 진입할 것으로 예측된다. 이 시기가 되면 잠재성장률은 2% 수준으로 떨어져 성장이 정체하기 시작한다. 다른 선진국들은 고령화 시대에 진입하기 전에 소득 2만 달러에서 3만 달러 장벽을 넘어버렸다.

그렇다면 한국이 선진경제 허들을 넘기 위해서는 앞으로 남은 10여년 동안 5~7% 고성장을 지속해야만 한다. 그렇게 마지막 스퍼트를 내야 할 결정적 시점에서 한국경제는 특유의 활력을 잃어가고 있어서 문제다.

2000년 이후 저성장이 지속되면서 한국경제의 성장잠재력은 4%대까지 떨어진 것으로 분석된다. 4% 이상 성장을 하게 되면 인플레이션 같은 무리가 온다는 얘기다. 영국의 유력 경제 일간지 파이낸셜타임스(FT)는 이러한 현상을 "한국경제가 조로(早老)

하면서 너무 빠른 중년을 맞고 있다"고 꼬집기도 했다.

전국경제인연합회 산하 한국경제연구원은 한걸음 더 나가 우리 경제가 중진국 함정에 빠졌다고 주장한다. 지금처럼 잠재성장률 수준인 4% 안팎의 성장이 지속될 경우 10년 후인 2017년까지도 선진국으로 진입하지 못하고 영원히 중진국으로 주저앉을 수 있다는 경고다.

성장률 5% 이상 달성은 불가능한 일이 아니다. 개방적인 경제 개혁을 통해 유럽의 최빈국에서 가장 활력 있는 나라로 변신한 아일랜드는 2005년 1인당 소득 3만 달러를 넘었지만 지난 10년 간 7%의 고성장을 유지하고 있다.

이를 위해서는 한국경제가 특유의 활력과 자신감을 조속히 회복해야 한다. 비생산적이고 공허한 이념 논쟁을 벗어 던지고 국가의 경쟁력을 높이고 민생 문제를 해결하는 현실적 대안을 마련하는 데 국가 역량을 집중해야 한다.

중국을 비롯한 아시아 경제는 세계에서 가장 역동적으로 성장하는 차세대 주자이다. 세계은행에 따르면 동아시아의 경제규모는 세계의 22.6%를 차지하며, 그 비중은 앞으로도 더욱 늘어날 전망이다. 한국이 그 지정학적 위치를 백분 활용하여 폭발적으로 성장하는 아시아 경제의 허브, 리더로서 위상을 확보할 수 있다면 선진경제 진입의 꿈은 저절로 실현되게 된다. 아시아뿐 아니라 세계를 향해 열린 나라가 바로 한국이 가야할 길이다.

"샌드위치 경제, 가마우지 경제"

"한강의 기적은 이제 막을 내리고 있다."

1997년 11월 1일. 책의 첫머리를 이렇게 시작하는 한 권의 보고서가 공개돼 한국 사회를 충격에 빠뜨렸다. 세계적인 컨설팅회사인 부즈앨런&해밀턴사가 한국 정부의 용역을 받아 7개월간 준비한 '21세기를 향한 한국경제의 재도약'이란 보고서였다. 한국경제를 중국과 일본의 협공을 받는 '호두까는 기계'(너트크래커, Nut-Cracker)내 호두 신세로 규정한 이 보고서는 적절한 개혁을 달성하지 못할 경우 2류 국가로 전락한다고 경고했다. 너트크래커란 양쪽 손잡이를 눌러서 호두의 껍데기를 까는 기계로 구조적 개혁에 실패한다면 그 안의 호두처럼 부서지게 되리라는 섬뜩한 예측이었다.

제시한 개혁안도 파격적이었다. 경제정책과 금융, 예산을 모두 쥐고 무소불위의 힘을 발휘하던 재정경제원을 해체하고, 정부 조직을 기존의 3분의 1 내지 2분의 1로 축소하도록 제안했다. 한국의 낮은 생산성을 감안할 때 실질 실업률은 통계상의 실업률(2%대)보다 5배 이상 높은 11.3%에 달하며 실업자수는 180만 명으로 봐야 한다는 주장도 있었다. 한국경제의 성장신화가 무한히 이어지리라는 막연한 낙관론에 빠져있던 당시 분위기에서는 뒤통수를 내려치는 충격이었다.

자기 조직을 해체하자는 겁없는 주장에 재경원 간부들은 "세상 물정 모르는 소리" "예산만 낭비한 탁상공론"이란 냉소적 반응을 보낼 뿐이었다. 그러나 한달이 지나지 않아 외환위기가 터지고 불길한 예언은 현실이 됐다.

다시 10년이 흐른 2007년 벽두. 이번에는 한국의 최대 재벌인 삼성의 이건희 회장이 위기론을 제기했다. 한국은 앞서 가는 일본과 뒤쫓아 오는 중국 사이에 낀 샌드위치 신세이며 '정신을 차리지 않으면' 5~6년 뒤 큰 혼란이 올 수 있다는 짧은 언급이었다. 요지는 너트크래커론과 다를 게 없었다. 그런데도 반향은 더 컸다. 정부와 경제계 사이에 경제위기 논쟁이 벌어지기도 했다.

무엇이 이렇게 폭발적 반응을 불렀을까? 첫번째 답은 이건희 회장이라는 발언자의 무게에서 찾아야 한다. 수출액이나 시가총액 등으로 볼 때 국가 경제의 20% 정도를 차지한다 해도 지나치지 않은 삼성그룹의 총수가 한 말이니 세상의 관심이 쏠리지 않을 수 없다. 더구나 시기까지 언급하는 바람에 관심은 더욱 증폭됐다. 삼성 내부적으로도 위기 신호들이 하나 둘 드러나고 있었다. 2004년 한때 10조 7,900억원의 순이익을 기록했던 삼성전자는 이후 더이상 순익이 늘어나지 않는 답보상태에 빠져 있다. 만년 적자를 내는 백색가전 사업은 철수 얘기가 흘러나오고 있었다. "만약 삼성이 흔들린다면……." 그것은 생각하기에도 끔찍한 악몽이었다.

두번째는 10년 전에 비해 중국 경제가 무서운 속도로 성장하며 한국을 추격해오고 있다는 위기감에 공감하는 때문이다. 중국은 지난 10년간 국내총생산(GDP)이 3배나 증가하면서 세계 4위의 경제대국으로 부상했다. 10년 전에는 한국의 가전제품이 상류층의 상징이었지만, 지금은 중국 고유브랜드인 하이얼그룹의 가전제품이 국내로 밀려들고 있다. 탄탄한 기술력을 가진 쌍용자동차도 이제는 중국 기업 소유이다. KOTRA가 중국에 진출한 465

개 업체를 대상으로 한 조사에 따르면 '한국과 중국의 기술이 동등하거나 오히려 중국이 앞섰다'는 응답이 29%에 달했다.

양국이 본격적인 경제교류를 시작한 지난 20년간 중국특수는 한국경제의 돌파구가 됐던 게 사실이다. 한국 제품의 최대수입국이자, 최대 무역흑자를 안겨주는 효자였다. 그러나 이제 중국은 한국의 주력산업인 정보통신, 전자, 자동차, 철강, 화학 분야까지 위협하는 최대의 경쟁자로 성장했다. 가장 기술적 격차가 크다며 느긋해 했던 조선분야에서마저 수주량에서 중국이 추월하기 시작했다.

표 │ 1

한·중 산업별 기술경쟁력 수준 변화 비교 (100 기준)

* 100기준 : 100을 최고 기술 수준으로 기준한 전문가들의 조사 결과

	2005		2006	
	중국	한국	중국	한국
자동차	80	95	90	98
조선	70	97	80	97
일반기계	65	80	70	85
전자	70	90	75	90
통신기기	96	99	99	100
철강	70	95	85	98
석유화학	70	85	80	90
섬유	60	80	70	85

〈자료 : 산업연구원 〉

　반면 우리는 일본과의 격차를 여전히 좁히지 못하고 있다. 1980년대 말 <한국의 붕괴>라는, 우리에게는 매우 불쾌한 이름의 책을 낸 일본경제평론가 고무로 나오키는 한국경제를 '가마우지' 신세에 비유한 바 있다. 가마우지는 뾰족한 주둥이로 물고기를 잡아먹는, 황새와 유사하게 생긴 철새다. 중국과 일본 어부들은 그 가늘고 긴 목에 쇠줄을 묶어 새가 물고기를 잡으면 쇠줄을 당겨 물고기를 뱉어 내게 한다. 한국이 핵심기술과 장비 및 부품을 일본에 전적으로 의존하고 있기 때문에 열심히 돈을 벌기만 할 뿐, 그 실속은 일본이 다 취하고 있다는 비아냥이다.

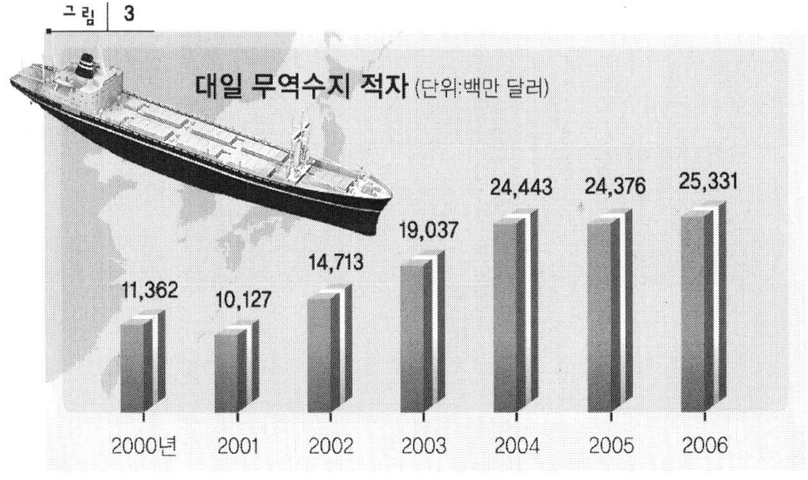

　실제로 한국의 간판 수출 제품의 대부분은 지금도 핵심 설비와 부품을 일본에서 들여온다. 대일의존도는 반도체 78.8%, 평면 디스플레이 67.7%, 무선 통신기기 66.8%, 컴퓨터 및 주변기기 50.9% 등에 이른다. 2005년 우리나라의 대중 무역수지 흑자는 230억 달러, 대일 무역적자는 243억 달러였다. 한마디로, 중국에서 돈을 벌어 고스란히 일본에 갖다 바치는 꼴이다. 그런데 2006년의 경우 대중 무역흑자는 209억 6,700만 달러로 9.9%나 줄어 5년 만에 감소세로 돌아섰다. 반면 대일 적자는 253억 3,100만 달러로 3.9%가 늘면서 사상 최대를 기록했다. 대일 무역적자는 우리가 전세계를 뛰며 벌어들인 무역흑자 164억 달러를 크게 초과하는 규모다. 일본과 중국의 틈바구니에 끼인 위태로운 상황을 극복하고, 그들과 어깨를 나란히 하는 강국으로 나가는 길은 과거나 지금이나 한국의 숙명적 과제다.

" 불균형 구조의 극복 "

외환위기 이후 나타난 가장 부정적 경제현상은 양극화 심화와 경제 각 부문간 단절현상이다. 우선 양극화는 우리 경제가 재벌 위주, 수출위주의 불균형 성장 전략을 추진한 부산물이다. 외환위기로 인한 구조조정을 거치면서 몇몇 대기업에 대한 경제력 집중 현상은 한층 가속화했다.

2004년 상위 30대 재벌 전 계열사의 총 매출액이 GDP에서 차지하는 비중은 83.7%에 이른다. 이 가운데 삼성, 현대차, LG, SK의 이른바 4대 그룹만 따져도 42%에 이른다. 삼성의 비중은 더욱 절대적이어서 우리나라 기업은 삼성과 그밖의 기업이라는 농담이 나올 정도다. 이미 국내기업이라기보다는 글로벌기업에 가까운 이들의 존재를 부정적으로 볼 이유는 없다. 세계 1위의 휴대폰 제조업체인 노키아는 핀란드 전체 수출의 24%, GDP의 30.3%를 차지한다.

문제는 상대적인 국내 중소기업의 취약성이다. 일본의 경우 규모는 작아도 기술력면에서는 세계 수준인 중소기업들이 튼튼한 허리가 되어 경제를 받치고 있지만 우리 중소기업은 사정이 너무 열악하다. 대기업 하청업체를 제외하면 번듯하고 독자적인 기술력을 갖춘 기업을 찾아보기 어렵다.

중소기업이 전체 고용에서 차지하는 비중은 무려 88.1%에 이른다. 그러나 중소기업의 영업이익률은 대기업을 100으로 했을 때 2002년 70.7%에서 2005년에는 61.1%로 오히려 뒷걸음질한다.

한국에는 중소기업이 자라날 수 있는 생태계가 전혀 없다고 말하는 중소기업인들도 있다. 대기업이 자본과 인재를 모두 빨아들이고, 우월적 지위를 이용해 창의적이고 기술력 있는 중소기업의 시장 진입을 봉쇄하는 구조라는 것이다. 또한 불평등한 계약을 통해 하청업체에게 모기업의 비용을 전가하고, 조금이라도 이익이 날만하면 납품단가를 바로 깎아버린다. 노조가 매년 정례행사처럼 파업을 하는 현대자동차의 경우 파업에 따른 손실을 협력업체에 바로 전가한다는 비난을 받고 있다. 이러니 몇몇 대기업이 잘 나가더라도 그 온기가 중소기업에는 전혀 미치지 않는다.

표 │ 2

한국의 10대 수출품 변화 (단위:백만달러)

1998		2005	
1 반도체	171.6	1 반도체	299.9
2 자동차	106.8	2 자동차	295.1
3 선박, 해양구조물 등	66.5	3 무선통신기기	275.0
4 금·은·백금	63.7	4 선박, 해양구조물 등	177.3
5 컴퓨터	62.2	5 석유제품	153.7
6 철강판	39.7	6 컴퓨터	141.2
7 의류	39.5	7 합성수지	103.0
8 석유제품	51.6	8 철강판	102.2
9 합성수지	40.4	9 자동차 부품	84.5
10 인조장섬유직물	49.6	10 영상기기	74.3

〈자료 : **삼성경제연구소**〉

요즘 한국경제는 몇 개 제품이 먹여 살린다 해도 과언이 아니다. 2006년 10대 수출품목 리스트를 보면 안다. 1위 반도체(구성비 10.2%), 2위 자동차(10.1%), 3위 무선통신기기(주로 휴대폰, 8.3%), 4위 선박(6.8%) 순이다. 하나같이 대기업이 생산하는 제품들이며, 핵심 부품의 대부분을 일본 등 외국에 의존한다는 공통점이 있다. 그러다보니 아무리 수출이 흥청망청해도 국내 경기에 미치는 파급효과가 별로 없다.

과거에는 수출에서 번 돈이 다시 생산을 위해 투자되어 고용을 창출했다. 또 늘어난 가계소득이 소비 증가로 이어져 기업 활동이 더 왕성해지는 경제의 선순환이 작동했다. 그러나 경제를 연결하는 고리들이 끊어지면서 선순환도 사라졌다. 수출이 내수와 투자 증가로 이어지지 않고, 성장이 분배로 이어지지도 않는다. 대기업과 중소기업간, 제조업과 서비스업간, 성장과 분배간 끊어진 고리들을 다시 연결해 성장 - 고용 - 분배의 선순환 구조를 만드는 작업이 정말 시급하다.

미래를 막는 걸림돌들

　매년 연말이 되면 시민단체에서 한해 동안 자신들의 운동에 크게 기여했거나, 반대로 악영향을 끼친 개인 또는 조직을 '디딤돌'과 '걸림돌'로 선정해 발표하는 경우가 있다. 객관성에 대한 논란이 뒤따르기도 하지만, 대중의 관심을 불러일으키고 당사자들을 격려 내지 경고하는 데는 제법 효과적이라는 생각이다. 대개 디딤돌보다는 걸림돌에 더 관심이 모아진다. 한 해를 돌아보며 한국경제의 걸림돌은 무엇이었나를 생각해본다.

　당장 떠오르는 것이 부동산 광풍이다. 정부의 고강도 대책을 비웃듯이 치솟는 집값은 양극화를 부채질하고 대다수 국민 가슴에는 분노와 절망의 대못을 박았다. 너도 나도 빚을 내어 집을 사는 바람에 외환위기 때보다 2.6배나 불어난 가계의 빚(558조원)은 '가계발(發) 금융 위기'의 우려를 낳고 있다. 김영삼 정부 말기에는 외환위기로, 김대중 정부 말기에는 카드 사태로 그 고생을 하고도 다시 비슷한 실수를 되풀이하는 격이다.

　경제 전체를 본다면 역시 힘을 잃어가는 성장동력과 잠재력이 문제다. 2001년부터 이미 4%대로 떨어진 성장잠재력은 2021년에는 2%대까지 추락한다는 전망이다. 성장의 동력도 내수보다는 수출이, 중소기업보다는 대기업이, 산업 분야별로는 반도체, 자동차, 조선 등 극히 일부 산업이 주도하는 기형적 구조에서 벗어나지 못하고 있다. 일자리 창출이 지상과제가 되고 있으나 고용에서 절대 비중을 차지하는 중소기업과 서비스산업은 뒷걸음만 계속한다.

　한국병이라고 불러야 할 교육 문제도 빼놓을 수 없다. 사회와 기업이 필요로 하는 인재들을 키워내지 못하는 교육의 부실도 문제지만, 과도한 교육비 부담이 내수부진에 미치는 폐해도 크다. 가계 지출에서 교육비가 차지하는 비중은 15%선에 육박하고 있으며 한해 사교육비 지출은 20조원에 이른다. 매년 유학과 연수로 해외로 빠져나가는 막대한 자금이 국내에 투자될 수 있다면 수많은 일자리와 부가가치가 창출될 수 있다.

하지만 걸림돌은 사회적 현상이 아니라 이를 만드는 사람들이다. 치매환자처럼 같은 실수를 되풀이하는 무능한 정책결정자들이 그 첫번째 부류다. 무능하고 비효율적인 정부로 인한 재앙이 무엇인지는 올 한해 뼈저리게 경험했다. 온 나라를 도박판으로 만들어버린 바다이야기, 건설교통부 장관의 경솔한 행동이 초래한 신도시 예정지 집값 폭등 사례만으로도 충분하다. 그 정점에 있는 대통령 리더십의 문제는 말을 꺼내기조차 민망할 정도다. 적지 않은 국민들에게 대통령은 희망과 안정을 주기보다는 실망과 불안을 주는 대상으로 비쳐졌다. 대통령의 과격한 발언에 국민들이 조마조마해야 하는 일도 많았다.

또 다른 걸림돌로는 시대착오적인 대기업 노조를 꼽아야 할 것이다. 국가경쟁력 평가에서 한국의 전투적 노사관계는 항상 최하위를 벗어나지 못한다. 세상은 변했는데도 여전히 퇴행적 투쟁방식에서 벗어나지 못하며 자신들의 밥그릇만 지키려는 기득권 집단으로 변질됐기 때문이다. 환율 하락에 따른 충격으로 회사가 휘청거리는데도 한해 동안 13차례나 파업을 한 현대자동차 노조가 바로 그 적나라한 모델이다.

참여정부가 야심차게 내놓은 '비전 2030' 작업에 참여한 민간조사단은 이색적 보고서 하나를 내놓았다. 스페인 그리스 아르헨티나처럼 선진국 문턱에서 좌절한 나라 사례를 분석한 내용이었다. 보고서는 이들 나라의 주요 공통점으로 강력한 리더십과 정책 일관성의 부재, 노사분규의 장기화 및 경직된 노사관계, 극심한 여야 대립을 꼽았다. 소름이 돋을 정도로 우리 현실과 비슷한 실패의 조건들이다. 고령화 사회로 진입하는 2019년까지가 한국이 선진국으로 진입할 수 있는 마지막 기회라고 한다. 그런데 남은 1년을 또 다시 허송세월을 한다면 정말 역사에 죄를 짓는 일이다. 걸림돌을 디딤돌로 바꾸지 못하는 한 우리에게 미래는 없다. (2006.12.27)

제 2 부

지속가능한 성장

성장인가? 복지인가?

참여정부 초반을 뜨겁게 달궜던 성장 대 복지 논쟁은 흘러간 옛 노래가 된 느낌이다. 우선 바깥세상의 분위기가 복지보다 성장으로 기우는 양상이 또렷하다.

프랑스 국민은 2007년 5월 대선에서 "더 많이 일하고, 더 많이 벌자"는 성장지향적 구호를 내건 니콜라 사르코지 후보를 선택했다. 사회당의 세골렌 루아얄 후보는 복지 확대와 완전 고용을 약속했지만 외면을 받았다. 이웃 독일이 복지 지출을 축소하고 노조의 과도한 영향력을 줄이는 개혁을 통해 경제가 완연히 살아나는 과정을 직접 목격한 것도 프랑스 국민들의 선택에 영향을 미쳤을 것으로 추측된다.

완벽한 복지국가를 실현한 이상향으로 여겨지던 스웨덴도 2006년 우파정권이 들어서면서 복지국가에서 보통국가로의 전환을 선언했다. 가까이는 이웃 일본이 고이즈미 전총리 시절부터 발동을 건 신자유주의적 개혁을 아베 총리가 이어가고 있는 가운데 장기 호황을 구가하고 있다.

세계의 변화는 복지와 공존을 중시하는 유럽의 사회민주주의 모델이 성장과 경쟁을 앞세우는 영미식 신자유주의 모델과의 경쟁에서 패배했음을 의미하는 것일까. '현재까지는'이란 단서를 붙이면 그렇다고 판정을 내릴 수밖에 없다. 신자유주의적 경제처방이 양극화의 심화와 빈곤의 증가, 양육강식과 승자독식주의의 부작용을 낳고 있다는 사실을 인식하면서도 많은 나라들이 그 처방대로 따르고 있다.

그 이유는 세계화(Globalization)의 거센 물결이 세계를 하나의 시장으로 통합시키고, 경쟁의 영역을 국가에서 세계로 확대하기 때문이다. 국가간 울타리가 높았던 시절에는 자기 나라만의 독자적인 정책을 고수할 수 있었다. 그러나 장벽이 무너지면서 그 국가 국민이라도 정책이 맘에 들지 않을 경우 다른 나라에서 대안을 찾거나 아예 국가를 버리는 일까지 벌어지고 있다.

스웨덴의 부자들은 높은 부유세를 피하기 위해 스위스로 이주해 사는 것이 유행이 되었고, 프랑스 돈 많은 영화배우와 기업인은 경제 활동은 프랑스에서 하지만 세금은 인접한 벨기에에서 내고 있다. 세계 금융시장을 움직이는 헤지펀드들은 조금이라도 자신들에게 불리한 제약을 가하려는 나라가 있으면 즉시 투자금을 회수해서 더 좋은 조건을 제시하는 나라에 투자한다. 다국적 기업들은 노조활동이 강하거나 해고가 자유롭지 않은 나라에는 투자를 기피한다. 외국의 투자와 기술을 유치하려면 노동자들은 노동조건의 악화를 감수할 수밖에 없다.

복지국가를 지탱하기 위해서는 막대한 재정이 필요하다. 높은 경제성장으로 세금이 많이 들어온다면 문제가 없지만, 그렇지 못할 경우 국가는 빚더미에 올라앉게 된다. 복지시스템이 잘 갖춰진 사회에서는 긴장과 활력이 떨어지기 마련이다. 자연히 성장은 정체하고, 재정적자는 늘어나는 악순환에 빠지기 십상이다.

그렇다고 신자유주의 모델이 성장을 보장한다는 이야기는 아니다. 단기적인 성과를 볼 수 있지만, 장기적으로는 부작용이 더 심각할 수 있다. 우리의 예를 보더라도 그렇다. 외환위기이후 미국과 국제통화기금(IMF)의 압력으로 우리는 신자유주의로 옷을 바꿔 입었다. 노동유연성을 보장하고, 외국자본이 마음 놓고 판을 벌일 수 있도록 모든 규제를 치워버렸다. 그 결과 비정규직이 빠르게 늘어나고, 국내 주요 은행들은 모두 외국인 손에 넘어갔다. 투자보다 배당을 앞세우는 주주자본주의가 득세함으로서 투자기피, 위험기피 풍조도 만연되어갔다.

보건사회연구원의 보고서에 따르면 외환위기 이전 55.5%에 이르던 우리 사회 중산층은 2006년 43.7%로 감소하고, 대신 빈곤층은 11.2%에서 20.1%로 두배 가까이 늘었다. 우리 사회를 지탱하는 허리인 중산층이 사라진다면 지속가능한 성장도 불가능하다. 경쟁은 불가피하지만 경쟁에서 낙오되는 사람들에 대한 배려도 필요하다.

우리의 복지 수준은 선진국에 비하면 이제 시작단계다. GDP 대비 사회복지 지출은 2001년 기준 5.7%로 경제협력개발기구(OECD) 회원국(평균 20.7%)가운데 꼴찌 수준이다. 높아진 경제수준에 맞게 복지지출을 점진적으로 늘려나가는 것은 당연하다.

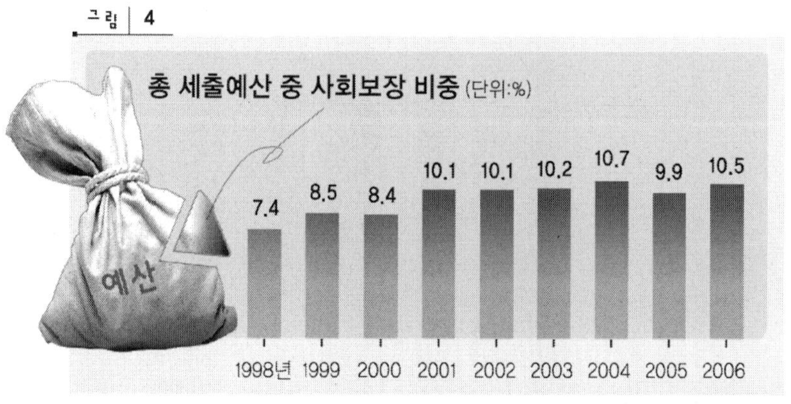

〈자료: **기획예산처**〉

　그러나 지출 증가 속도는 우리 경제가 감당할 수준에서 신중하고, 점진적으로 이뤄져야 한다. 저출산 고령화 추세로 인한 잠재성장률 하락으로 재정수입은 더디게 증가하는 반면, 복지지출은 눈덩이처럼 불어날 위험성이 있다는 점을 특히 경계해야 한다.

　또한 선진국들의 경험을 반면교사로 삼아 소모적 복지가 아니라 생산적 복지를 선택해야 한다. '최고의 복지는 일자리'라는 말처럼 성장을 통한 일자리 창출이 가장 효과적인 복지정책이다. 성장이 먼저냐, 복지가 먼저냐 하는 의미 없는 논쟁보다는 성장과 복지가 선순환을 이루는 정책조합을 찾아내는 것이 현실적인 대안이다.

" 흔들리는 재정안정 "

2007년 4월 국회에서는 정말 황당한 일이 벌어졌다. 국민연금의 재정파탄을 막기 위해 보험료는 더 내고, 연금을 덜 받는 내용의 법률 개정안이 여당의 안과 야당의 안 모두 표결에서 부결된 것이다. 국민연금은 현재대로라면 2047년 파탄상태에 빠지고, 지금도 매일 800억원의 잠재부채가 쌓이고 있는 발등의 불이다. 그런데도 3년 넘는 진통 끝에 가까스로 마련된 개정안이 여, 야가 자존심 싸움을 하다가 부결된 것이다. 이런 광경을 너무 많이 봐왔기에 여기까지도 그래도 넘어갈 수 있다.

문제는 개정안을 부결시키면서 한 묶음으로 상정된 기초노령연금법안은 그대로 통과시켰다는 사실이다. 65세 이상 노인 300만 명에게 월 8만 9,000원씩 지급하는 노령연금이 시행될 경우 2030년에는 19조원이 추가로 필요하다. 여야는 추가 협의를 통해 노령연금을 장기적으로 2배로 늘리기로 했으니 재정소요도 배로 늘어나게 된다. 재정 파탄을 해결해 달라고 맡겼더니 더 재촉하는 조치만 한 셈이다. 기초노령연금은 국민연금의 사각지대에 있는 노인에게 기초생활에 필요한 최소한의 연금을 지급하자는 취지다. 나름대로 필요한 조치이지만, 장기적인 재정대책은 없이 선심부터 쓰고 보는 것이 문제다.

이 해프닝은 국가재정의 건전한 운영이 얼마나 어렵고, 포퓰리즘에 의해 얼마나 쉽게 훼손될 수 있는가를 단적으로 보여준 사례다. 재정의 건전성은 과거 한국 경제의 자랑스런 덕목이었다. 그러나 참여정부 들어 복지, 국방, 교육 부분의 지출이 크게 증가하면서 건전성에 빨간불이 켜졌다.

1992년까지만 해도 재정지출은 GDP 대비 20.0% 수준에 머물렀다. 그러나 지난해 말에는 29.4% 수준으로 급격히 불어났다. 여전히 경제협력개발기구(OECD) 회원국들의 평균치(40.8%)에 비하면 낮은 편이지만 증가추세가 너무 가파른 것이 문제다. 이에 따라 97년말 GDP 대비 12.3%이던 국가채무도 2005년 말에는 30.7%로 크게 불어났다. 참여정부 들어 증가세는 더욱 빨라지고 있다.

앞으로도 고령화 추세와 각종 연금의 부실로 인해 장기적 재정수요 증가는 제어하기 어려운 상황이다. 특히 연금의 부실은 시한폭탄이다. 이미 지급불능 상태에 빠져 2006년에만 1조원 가까이 정부가 지원한 공무원연금은 2030년이면 적자액이 정부 예산의 5%인 32조원에 이를 것으로 보인다. 군인연금 또한 2006년부터 2010년까지 5조원 이상 예산을 투입해야 한다.

정부 역시 국토균형발전, 행정복합중심도시 건설, 복지 지출 확대 등 막대한 재정이 필요한 대형 프로젝트를 쏟아내기에 바쁠 뿐 재정안정은 뒷전이다. 비전 2030을 현실화하기 위해서는 1,100조~1,600조원이 소요될 것으로 보인다.

고령화와 성장률 저하로 인해 재정수입이 장기적으로 제자리걸음을 하고 있는 상황에서 지출이 눈덩이처럼 불어난다면 재정은 구멍이 날 수밖에 없다. 한국조세연구원의 보고서는 지금과 같은 지출 증가세가 지속된다면 현재 국내총생산(GDP) 대비 30% 수준인 국가채무가 최악의 경우 2050년에는 GDP 총액보다 많아질 수 있다고 분석했다.

정부의 씀씀이는 한번 늘어나면 그 추세를 제어하기 어려운 '경로 의존성'을 갖고 있다고 한다. 때문에 선진국에서는 재정지출 상한선을 정해 아예 증가를 원천 봉쇄하는 추세다. 우리나라 재정지출이 급증한 지난 10년간 OECD 국가들의 평균 재정지출이 오히려 감소한 것은 이런 이유에서다. 건전한 재정은 건전한 경제의 전제 조건이다.

미래세대 '독박' 씌우기

　사회생활에서, 일하고 싶어도 취직을 할 수 없어 허송세월을 해야 하는 실업보다 더한 고통은 없다. 직장은 경제적 원천일 뿐 아니라 자신의 존재 가치를 확인하고 자아를 실현하는 삶의 현장이다. 서양에서 직업을 '신의 소명'을 뜻하는 'vocation'이란 단어로 표현하는 이유다. 불행하게도 우리 사회에서는 그런 실업의 최대 피해자가 한창 열정과 혈기가 넘치는 20대다.

　2006년 현재 청년실업률은 7.7%로 전체 실업률(3.5%)의 두 배를 넘었을 뿐 아니라, 4년제 대졸 이상 고학력 실업자 숫자는 전년보다 13.6%나 늘었다. '이태백'(20대 태반이 백수)이라는 신조어는 이제 '이구백'(20대 90%가 백수)에게 자리를 내주었다.

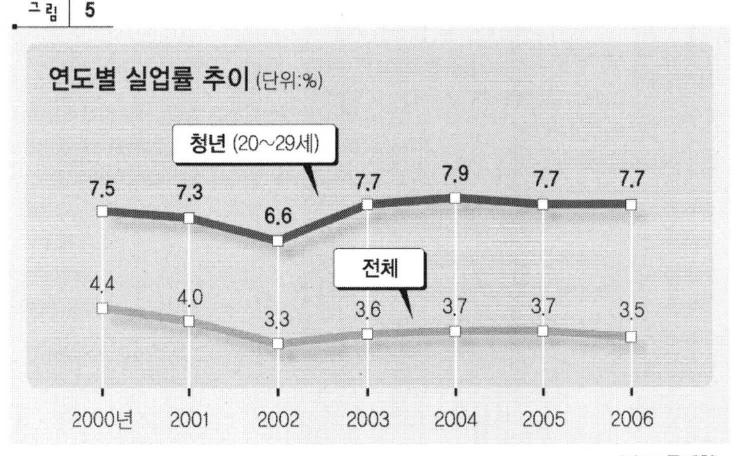

　이런 그들이 최근 발표된 고령화의 경제 사회적 파급효과에 대한 한국개발연구원(KDI)의 보고서를 봤다면 어떤 심정이었을까. 보고서에서는 노인 부양을 위한 재정 지출이 급증하고 각종 연금과 세금이 높아지는 부담을 20대가 가장 많이 짊어져야 하는 것으로 나타났다. 평생 국가에 낼 돈에서 자신에게 돌아올 혜택을 뺀 순재정부담이 세대별로는 20대에서 7,722만원으로 최고점에 달한다. 취직을 해서 세금과 보험료 등으로 낸 돈이 자신에게 돌아올 혜택보다 7,722만원 더 많다는 얘기다. 이쯤 되면 20대는 현재도, 미래도 사회의 불행한 유산을 홀로 짊어지는 '독박 세대'라는 신조어가 나올 법하다.

젊은 세대의 사회적 부담 증가는 불가항력적인 측면이 있다. 저출산 고령화로 인해 부양을 받아야 하는 노인세대는 늘어나는 반면, 부양을 해야 하는 젊은 세대는 줄어드는 추세가 그렇다. 그러나 미래 세대를 짓누르는 짐 가운데 상당 부분은 원래 기성세대가 져야 할 것이기에 심각한 세대간 갈등 소지를 안고 있다.

세대간 고통 분담이 불가피한 연금 개혁이 대표적이다. 기성세대의 반발 때문에 상대적으로 저항이 없는 미래세대에게 더 희생을 전가하는 방식을 택한다. 공무원연금제도 개혁안은 기존 공무원의 기득권은 별로 손대지 않으면서 신규 공무원에게는 연금 감소와 혜택 기간 축소 같은 불이익을 모두 안겨 무책임한 책임전가라는 비판을 받았다. 국민연금도 사정은 마찬가지다. 눈덩이처럼 적자가 불어나는 연금 부실의 책임이 고스란히 미래세대 어깨 위에 차곡차곡 쌓이고 있다.

미래세대에게 책임 떠넘기기는 정부도 마찬가지다. 참여정부 들어 복지, 국방 분야 등에 재정지출이 늘어나면서 2002년 133조원 규모이던 국가채무는 2006년말 250조원 규모로 늘어났다. 지출이 늘어난 만큼 세금을 더 거둬야 하지만 조세저항이 두려워 아무런 반발도 없는 국채 발행으로 때웠기 때문이다. 상환 책임은 당연히 미래세대의 몫이다.

임기 말을 앞둔 참여정부가 막대한 재원이 들어가는 중·장기 계획들을 한꺼번에 쏟아내는 것 역시 생색은 이 정부가 내고 부담은 차기정부에 미루는 무책임한 행태이다.

후세대에 풍족한 부를 물려주지 못할망정 거꾸로 부채만 잔뜩 남기는 부(負·마이너스)의 유산은 선조의 도리가 아니다. 그 피해자는 다름 아닌 우리의 아들딸들이다. 미래세대에게 떠넘기는 부의 유산을 이즈음에서 중단하지 않으면 적대적인 세대간 갈등으로 번질 수밖에 없다. (2007.02.14)

복지국가, 보통국가

'지구촌에서 가장 부유한 스크루지'. 스웨덴의 세계적 조립식가구 회사인 이케아(IKEA)의 창업주인 잉바르 캄프라드는 천문학적 재산보다 자린고비 행태로 더 유명하다. 미국의 경제주간지 〈포천〉은 그의 재산 규모를 280억 달러로 세계 4위라고 평가했지만, 실제로는 530억 달러로 세계 1위라는 스웨덴 언론 보도도 있다. 그는 지하철로 출근하며, 승용차는 15년이 넘은 낡은 볼보를 몬다. 비행기는 이코노미 석에 타며 쇼핑을 할 때도 할인쿠폰을 챙긴다. 경영 행태도 마찬가지여서 이케아 직원들은 의무적으로 이면지를 사용하고, 400㎞이내 거리에는 비행기를 이용할 수 없다.

단돈 한푼에도 벌벌 떠는 그에게 국가에서 뭉텅 떼어가는 세금이 어떻게 느껴질지 짐작이 간다. 스웨덴의 높은 세금은 세계적으로 악명이 나 있다. 그가 30여년전 일찌감치 스위스로 이주해 살고 있는 이유다. 절세를 위해 이케아의 소유 구조를 미로찾기처럼 복잡하게 만들어 놓았다는 의혹도 받고 있다. 그렇다고 돈만 아는 수전노는 아니다. 유니세프의 최대 후원자의 한 명이며 예술 분야에도 많은 돈을 기부한다. "살아있는 동안 모든 것을 내놓고 무덤에는 한 푼도 갖고 가지 않을 것"이라며 전재산의 사회환원을 약속했다.

세금을 피해 스웨덴을 등진 기업인은 캄프라드뿐이 아니다. 이케아에 이어 스웨덴 2위 기업이며 우유 용기인 테트라팩으로 유명한 테트라 라발그룹의 소유자인 라우싱 가문 역시 스위스에 산다.

지난해 9월 집권한 우파 정부는 이러한 자본 도피를 막기 위해 올해 안에 부유세를 폐지하겠다고 선언했다. 이 세금은 개인 순재산이 20만 달러를 넘을 경우, 초과분의 1.5%를 물린다. 그러나 한해 거둬들이는 부유세는 6,000억원이 조금 넘지만, 이를 피해 해외로 탈출한 돈은 200조원을 넘는다는 것이 폐지론자들의 주장이다.

스웨덴은 역사상 가장 완벽한 복지국가로 선망의 대상이었다. 영국이 표방한 '요람에서 무덤까지'를 넘어 '엄마 뱃속에서 천국까지' 무제한 복지를 제공했다. 그러면서도 높은 성장으로 경제의 선순환을 이뤄냈다. 그러나 세계화의 조류에 적응하지 못해 1990년대초 외환위기를 맞았고, 복지모델은 수술대에 올랐다. 라인펠트 스웨덴 총리는 "부유세 폐지를 계기로 기업들이 회사에 적극 투자해 고용창출도 늘어나는 '보통국가'가 되길 바란다"고 밝혔다. 스웨덴의 보통국가론은 성장과 복지를 병행하는 것이 얼마나 이루기 힘든 꿈인지 생생히 보여준다.

(2007.04.02)

제3부

개방과 경쟁

"세계는 평평하다"

한국은 전세계를 휘감는 세계화라는 대변혁의 물결을 온몸으로 맞부딪치고 있다. 비교적 경제규모가 큰 나라로는 처음으로 미국과 자유무역협정(FTA)을 체결했고, 세계 최대 단일시장인 유럽연합(EU)과도 FTA 협상을 진행 중에 있다.

한국은 산업화이후 꾸준히 경제를 개방해왔다. 1980년대 중반에는 우루과이라운드(UR) 협상으로, 1997년에는 외환위기로 인해 개방의 문을 더욱 활짝 열어젖혔다. 자율적인 선택보다는 타율적인 힘에 의한 개방이었다.

그러나 한미 FTA는 우리가 자발적으로 미국과의 시장통합을 선택했다는 점에서 의미가 각별하다. 미국과의 FTA는 단순한 시장통합을 넘어 미국이 주도하는 국제 질서(글로벌 스탠더드)에 우리 몸을 맡기겠다는 선언이다. 마지못해 끌려가는 개방이 아니라 자발적인 개방을 통해 새로운 성장동력을 찾는 모험을 선택한 것이다.

인위적인 대외개방이 아니더라도 한국 사회 저류에는 이미 국제화의 급물살이 흐르고 있다. 농촌의 국제결혼은 그 대표적인 사례다. 1990년 국제결혼은 4,710건에 불과했으나 2005년에는 4만 3,121건으로 15년 만에 10배 가까이 증가했다. 2006년에는 농촌 총각 10명 중 4명 정도가 베트남 등 외국 여성과 결혼했다. 외국인 노동자의 숫자도 급속히 늘어나면서 이제 국내 체류 외국인은 100만 명에 육박한다. 우리 사회에서 가장 변화에 둔감한 농촌 사회가 가장 먼저 다민족 사회로 변해가고 있다는 사실이 역설적이지만, 국제화에 가속 페달을 밟는 효과를 낳고 있다는 사실은 분명하다.

표 │ 3

2006년도 국제 혼인 현황 (단위:명)

국제 혼인 상위 10위국	남편	처	계	비율
중국	2,590	14,450	17,040	43.6%
베트남	48	9,812	9,860	25.2%
일본	3,732	1,474	5,206	13.3%
미국	1,432	326	1,758	4.5%
필리핀	30	1,131	1,161	3.0%
몽골	6	559	565	1.4%
캐나다	317	95	412	1.1%
캄보디아	5	380	385	1.0%
우즈베키스탄	12	310	322	0.8%
태국	14	267	281	0.7%

〈자료: **대법원**〉

보다 나은 교육환경을 찾아 떠나는 조기유학 붐 역시 세계화의 주요한 엔진이다. 2000년 2,500명에 불과했던 초·중등 유학생 수는 2005년 1만 4,818명으로 늘었다. 조기 유학의 행렬은 이제 미국, 캐나다뿐 아니라 영어 교육이 가능한 호주, 뉴질랜드, 싱가포르, 홍콩, 필리핀, 말레이시아까지로 확대되는 추세다. 호주의 경우 초등학교 해외유학생의 67%가 한국 학생이라고 한다.

조기 유학은 미국식 생활방식은 물론 의식까지 국제화한다는 점에서 그 파급효과가 막대하다고 할 수 있다. 언젠가 모임이 있어서 강남에 젊은이들이 주로 이용하는 술집에 갔다가 깜짝 놀랐다. 외모상 외국인은 보이지 않았지만 여기저기서 영어로 대화를 하는 것을 목격했기 때문이다. 내가 미국에 와 있나 하는 착각이 들 정도였다.

한국인들의 생활공간은 이제 더이상 한반도가 아니다. 적어도 미국과 아시아는 한국과 비슷한 선택권 안에 넣고 생각을 한다. 아이가 다닐 학교를 선택할 때도 그렇고, 은퇴한 노인들도 한국의 시골마을이 아니라, 거주비가 싸면서도 주거여건이 좋은 필리핀, 캄보디아를 같이 고려한다.

미국 뉴욕타임스의 저명한 칼럼리스트인 토마스 프리드먼은 이러한 변화를 '세계가 평평해지고 있다'고 표현했다. 똑같은 제목의 저서에서 프리드먼은 공산주의 붕괴로 인한 자유화, 인터넷의 발달로 인한 정보화, 세계를 하나의 시장으로 만드는 세계화가 지구촌을 하나의 무대로 만들고 있다고 지적했다. 그 무대에는 아무런 장벽이 없어 누구나 함께 경쟁을 하게 된다. 프리드먼은 그 변화를 이렇게 설명했다.

"내가 어렸을 때 부모님은 이렇게 말씀하셨다. '밥은 남기지 말고 먹어야지. 지금 중국이나 인도에는 굶주리는 사람이 많단다.' 하지만 나의 충고는 다르다. '얘들아, 숙제는 끝내야지. 중국과 인도에는 네 일자리를 가져가려고 열심히 공부하는 사람이 많단다.'"

세계경제의 패러다임이 바뀌고 있다. 국가경제의 시대가 가고 글로벌 경제시대가 왔다. 전세계 차원에서 개방과 경쟁은 누구도 피할 수 없는 시대의 대세다. 세계화가 국가간 및 국가내 빈부격차를 심화시키고, 환경 파괴와 인간성 상실의 부작용을 초래한다고 하더라도 거부할 수 있는 선택이 아니다. 대외무역이 GDP의 70%를 넘는 우리 입장에서는 더욱 그렇다. 오히려 수동적인 개방이 아니라 능동적인 개방을 통해 다른 나라보다 앞서 세계화의 흐름을 타는 것이 현명한 전략이다.

문제는 실질적인 개방 속도에 비해 제도와 의식이 따라오지 못해 많은 마찰이 빚어지고 있다는 점이다. 버지니아 공대 총기난사 사건을 통해, 동남아 근로자들에 대한 차별을 통해 드러났듯이 우리의 의식은 여전히 폐쇄적 집단주의에 머물고 있다. 열린 사회에 맞는 열린 의식이 절실한 시점이다.

정화와 엔리케

유럽이 아시아와 신대륙으로 진출하는 15세기 대항해 시대는 동서양 문명의 진로를 바꾼 분수령이었다. 이전까지 이슬람과 중국의 문명은 유럽인에게 동경의 대상이 될 정도로 저만치 앞서 있었다. 나침반, 화약, 종이 같은 선진 기술이 중국에서 유럽으로 흘러갔고, 이슬람 문명의 첨단 수학, 과학, 의학 기술은 유럽으로 하여금 과학에 눈뜨게 했다. 그러나 중국이 해상교역을 금지하는 해금(海禁)정책으로 폐쇄의 길을 선택하고, 유럽 국가들은 신항로와 신대륙 개척에 나서면서 문명의 판도는 역전됐다. 신대륙에서 쌓은 부가 산업혁명을 촉발하면서 서구문명이 세계를 지배하게 된다.

명나라 환관 정화(鄭和)와 포르투갈의 왕자 엔리케는 그 엇갈리는 역사의 갈림길에 선 두 인물이다. 정화는 1405년부터 28년간 선박 200여 척, 승무원 2만 7,000명의 대함대를 이끌고 7차례에 걸쳐 멀리 중동과 아프리카까지 원정했다. 대항해의 원조인 셈이다. 87년 뒤 미대륙을 발견한 콜럼버스 함대는 선박 3척에 선원 120명이 고작이었다. 그러나 이후 명나라가 해금정책으로 돌아섬으로써 정화의 위대한 항해는 전설로만 남게 되었다. 폐쇄적 중화주의에 빠진 중국은 결국 아편전쟁의 치욕을 당하게 된다.

1415년 포르투갈에서는 엔리케 왕자가 아프리카 경략에 나선다. 그가 파견한 탐험선은 서아프리카 해안을 하나둘 정복해 가면서 마침내는 희망봉을 돌아 인도양으로 가는 항로를 연다. 포르투갈은 이 항로를 통하여 대규모 함대를 파견해 인도양의 이슬람 세력을 제압하고, 아메리카 대륙에 식민지를 건설하여 전성기를 맞는다. 엔리케는 각지에서 유능한 선원과 선박기술자를 끌어 모아 조선소와 선원학교를 세우는 등 해양개척에 온 삶을 바쳤다. 한번도 직접 항해에 나서지 않았지만 그의 이름 앞에는 항상 '항해왕'이란 호칭이 붙는다.

윤종용 삼성전자 부회장이 최근 임직원을 상대로 한 훈시에서 엔리케를 배우자고 제안했다. 엔리케는 국적에 관계없이 인력을 확보해 다양한 정보와 혁신적인 기술을 효과적으로 확립했다고 지적한 윤 회장은 대항해 시대의 도전정신으로 글로벌 시장에서 블루오션을 찾아야 한다고 역설했다.

한미 자유무역협정(FTA)이 막바지에 이르면서 한국의 개방의지는 다시 한번 시험대에 서게 됐다. 개방이 절대선일 수는 없다. 개방의 판단은 상황에 따라 다를 수 있다. 하지만 폐쇄적 문명이 개방적 문명을 이길 수 없다는 사실은 역사가 증언한다. (2007.02.22)

FTA 산파

　서로 꼬리를 문 3마리의 뱀－한국·중국·일본 세 나라간 교역을 들여다보면 물고 물리는 절묘한 3각관계가 그려진다. 예를 들어 지난해 우리나라의 대중 무역수지는 230억 달러 흑자였지만, 대일 무역수지는 240억 달러 적자를 보았다. 반면 일본의 대중 무역수지는 285억 달러 적자로 나타났다. 양국 차원에서는 엄청난 손익을 보고 있지만 3국 전체로 보면 아무도 밑지지도, 남지도 않는 호혜적(互惠的) 거래를 하는 셈이다. 이런 세 나라 경제를 하나로 묶을 수만 있다면 세계경제의 20%를 차지하는 최강의 경제 블록이 새로 탄생하게 된다.

　한미 자유무역협정(FTA)이 뜨거운 찬반 논란을 빚는 가운데 최근 국내외 학술모임에서 한중일 FTA 체결의 필요성이 강력하게 제기되는 이유는 이처럼 폭발적 통합 시너지가 기대되기 때문이다. 대외경제정책연구원(KIEP) 보고서에 따르면 한중일 FTA가 실현될 경우 3국의 GDP는 장기적으로 각각 5.15%(한), 3.08%(중), 1.43%(일)가 증가할 것으로 예측됐다. 모두에게 좋지만 우리에게 돌아오는 통합의 과실이 가장 크다는 점에서 한중일 FTA는 한미 FTA보다 더 매력적으로 보인다. 하지만 추진 움직임은 지지부진하다.

　무한한 잠재력에도 불구하고 한중일 FTA가 현실적 논의로 발전하지 못하는 표면적 이유는 중국에게 농수산물 시장을 개방하기 어려운 한일 두 나라의 사정 등 경제적 요인 때문이다.

　하지만 더 근본적 이유는 과거사 문제와 패권다툼 같은 정치문제에 있다. 침략역사에 대한 진실된 반성을 거부하며 미국과의 유착을 통해 중국을 견제하려는 일본의 전략이 3국의 협력을 불가능하게 한다. 최근 도쿄에서 열린 아시아의 미래 국제회의에서 리관유 싱가포르 선임 장관은 한중일 경제협력을 위해서는 일본 지도자의 진지한 반성이 있어야 한다고 촉구했다.

　유럽을 하나로 통합하는 기적을 현실로 만들어가고 있는 유럽연합

(EU)의 모태는 2차 세계대전에서 적으로 맞섰던 프랑스와 독일이 손을 잡고 1951년 출범시킨 유럽석탄공동체(ECSC)였다.독일의 재무장을 막는 가장 효과적인 방법은 경제 협력이라는 프랑스의 계산이 적과의 동침을 가능케 했다.

과거보다 미래를 생각하는 지혜는 우리에게도 필요하다. 당장 한중일 FTA가 불가능하다면 우리만이라도 중단된 한일 FTA를 재개하고, 중국이 적극성을 보이는 한중 FTA를 성사시켜야 한다. 한국이 한중일 FTA에 산파로 나서자는 것이다.   (2006.05.31)

🖋 마지노 심리

　제2차 세계대전을 앞두고 프랑스가 독일의 침공을 막기 위해 양국 국경 750㎞에 걸쳐 구축한 마지노선은 프랑스 전쟁장관 앙드레 마지노(Maginot)의 강력한 주장에 의해 성사됐다. 천연지형과 콘크리트 방어벽으로 이어진 마지노선은 수천명이 들어갈 수 있는 지하벙커와 중무장한 진지, 지하 연결터널 등을 갖춘 난공불락의 요새였다. 우리 휴전선의 약 3배 길이로 공사에만 10년이 걸렸다. 프랑스는 선전 차원에서 요새 지하가 여러 층에 이르고, 심지어 지하철도와 영화관 시설까지 갖춘 것처럼 과장했고, 프랑스 국민들은 이를 그대로 믿었다.

　그러나 1940년 5월 10일 독일이 중립을 선언한 벨기에를 우회해 프랑스를 전격 침공함으로써 마지노선은 아무런 역할도 못한 채 무용지물이 돼버렸다. 1944년 이번에는 연합군이 프랑스를 수복하기 위해 공격할 때도 독일군이 지키는 마지노선은 우회할 수 있었다. 보병에 의존한 1차 대전과 달리 전투기가 등장한 2차 대전에서는 지상요새가 절대적 방어선이 될 수 없음을 프랑스는 깨닫지 못한 것이다. 1969년 프랑스가 핵무기에 의한 전쟁억지전략을 채택하면서 마지노선은 용도폐기됐고, 남은 시설들은 흉물처럼 방치되거나 농가 저장창고 등으로 쓰이고 있다.

　한미 자유무역협정(FTA)을 둘러싼 논란이 뜨거운 가운데 권태신 재정경제부 제2차관이 최근 협상 마지노선 설정에 대해 '자가당착(自家撞着)'이라고 비판, 주목을 받았다. 쌀시장 사수 의미로 해석되는 마지노선은 노무현 대통령이 2월 "한미 FTA 협상에 마지노선이 필요하다"고 언급했고, 김현종 통상교섭본부장도 "마지노선이 지켜지지 않으면 협상을 중단하겠다"고 밝힌 바 있어 정부 입장으로 인식돼 왔다. 따라서 정부내에서도 대표적인 협상체결론자로 알려진 권차관 발언의 진위가 무엇인지 궁금해진다.

　역사상 최악의 실패사례로 꼽히는 마지노선이 든든한 최후의 방어선을 상징하는 의미로 쓰이는 것은 역설적이다. 역사가들은 마지노선의 실패는 방어진지의 기능에 있었던 것이 아니라 전체 방어전략의 일부분에 불과한 마지노선을 전부인 양 착각한 프랑스인의 심리적 의존성의 실패라고 분석한다.

정부가 말하는 한미FTA 협상의 마지노선에도 그런 착각은 없는 것일까. 쌀시장만은 지켰다는 명분에 집착해 더 경제적으로 가치가 높고, 피해가 많을 수 있는 분야를 양보하는 우를 범하지는 않을까. 미국은 이런 우리 사정을 손바닥처럼 들여다보고 있을 것이다.

(2006.04.25)

윔블던 효과

120년이 넘는 유서 깊은 역사를 자랑하는 전영(全英)오픈 테니스선수권대회는 런던 교외도시 윔블던에서 열려 윔블던대회라는 이름으로 더 친숙하다. 1877년 영국 상류사회의 클럽경기로 시작된 이 대회는 1968년 프로와 외국선수에게도 문호를 개방, 오늘날 프랑스오픈·US오픈·호주오픈 등 메이저대회 가운데서도 가장 권위 있는 대회로 인정받고 있다.

오픈대회가 되면서 달라진 중대한 변화는 외국 선수들이 우승을 휩쓸고 있다는 것이다. 예를 들어 1910년 이후 남자 단식경기에서 영국 선수가 우승한 것은 1934년 이후 3년간이 처음이자 마지막일 정도로 외국인 잔치가 됐다.

집 대문을 열어놓자 외국인들이 몰려와 안방을 차지해 버리는 주객전도(主客顚倒)의 상황을 금융계에서는 '윔블던 효과(Wimbledon Effect)'라고 부른다. 1986년 대처 영국총리가 금융시장을 개방하고 규제를 대폭 철폐하는 빅뱅을 단행하자 영국 증권회사들이 줄도산하고 미국과 유럽 자본이 절반 이상의 금융회사들을 차지하는 현상을 설명하면서 생겨난 용어다. 외환위기 이후 타의에 의해 금융시장을 개방한 이후 사실상 모든 시중은행 소유권이 외국인 손에 넘어가 금융주권 상실의 우려가 커지고 있는 요즘 우리 금융계 모습도 바로 그것이다.

그렇다고 윔블던 효과가 부정적 의미는 아니다. 우승트로피는 외국 선수들에게 돌아가지만 매년 50만명 이상이 참관하고 전세계에 중계되는 윔블던대회를 통해 영국이 얻는 유형무형의 부가가치는 엄청나다.

금융 빅뱅을 통해 영국은 국제금융의 중심지로 지위를 굳혔고 국부의 3분의 1이 금융에서 창출되는 금융강국으로 부상했다. 개방과 국제화가 단기적으로는 고통을 가져오지만 장기적으로 경쟁력을 키우고 새로운 기회를 만들어 내는 긍정적 효과가 더 크다는 실증적 사례이다.

세계베이스볼클래식(WBC)에서 우리 선수단이 놀라운 기량으로 숙적 일본을 두 차례나 물리치고 세계 최강 미국까지 격파, 한국민의 자존심을 한껏 높였다. 스포츠의 르네상스 시대가 열린 듯 야구 외에도 축구 빙상 골프 등에서 우리 선수들이 세계무대를 점령하는 비결은 무엇일까. 국력 신장, 경제적 뒷받침 등 여러 해석이 가능하겠지만 스포츠의 개방과 국제화 덕분이라는 분석이 설득력을 얻고 있다. 국내 무대를 유능한 외국인 용병에게 개방하고, 우리도 메이저리그, 프리미어리그에 진출해 세계 수준의 기량을 닦고 쌓은 덕분이라는 것이다. 한국인의 힘은 우리가 생각하는 그 이상이다.   (2006.03.17)

Y2K, 인도, 개방

　우리의 광복절에 해당하는 인도의 독립기념일은 8월15일로 날짜까지 같다. 하지만 이날은 영국으로부터 정치적 독립을 이룬 날이고, 경제적 독립기념일은 Y2K라고 주장하는 글을 본 적이 있다. Y2K는 컴퓨터가 2000년을 인식하지 못해 발생할 재앙을 막기 위해 20세기말 전세계가 모든 컴퓨터 프로그램을 교정하느라 한바탕 소동을 벌인 사건을 뜻한다.

　미국 기업들은 이 골칫덩어리 작업을 '짧은 시간에 싸게' 해치울 방법을 고심하다가 문득 인도를 '발견'했다. 영어가 자유롭게 통하고, 커피값 수준의 인건비로 고급 소프트웨어 인력이 무제한으로 공급되는 신천지에 눈을 뜬 것이다.

　인도의 실리콘밸리로 통하는 뱅갈로르에 자리한 '헬스스크리브인디아'라는 회사는 미국 의사들이 환자를 보며 구술하는 처방을 위성통신으로 받아 두 시간내에 문서로 만들어 다시 보내는 사업으로 큰 성공을 거두고 있다. 과거에는 며칠, 몇주가 걸리던 서류가 다음날 아침이면 의사 책상에 놓이게 된 것이다. 왜 인도에 수많은 미국 기업들의 콜센터가 있고, 글로벌 아웃소싱의 천국으로 각광 받는지에 대한 답변이 될 만하다. 조지 W 부시 미국 대통령의 방문을 계기로 정보기술(IT)산업이라는 날개를 달고 경제대국을 향해 비상하는 인도의 눈부신 발전상이 새삼 조명을 받는다.

　연 7%를 넘는 고도성장의 비결을 인도의 잠재력에 불을 붙인 IT붐이나 세계화에만 돌린다면 불충분한 분석이다. 독립 이후 거의 반세기 동안 유지된 완고한 사회주의 폐쇄정책이 1991년부터 시장경제와 개방으로 선회한 것이 더 결정적이었다. 당시 재무장관으로 인도 경제의 총체적 재설계를 주도한 인물이 경제학자 출신인 만모한 싱 현총리이다. 그가 경제를 개방하고, 규제완화를 통해 외국기업을 적극 유치하지 않았다면 인도는 Y2K와 이어 닥친 IT붐의 지구촌 최대수혜자가 될 수 없었다. 그가 인도의 덩샤오핑으로 비유되는 까닭이다.

　시장경제와 대외개방이 경제를 살찌우는 보약이라는 경제원론의 산 증거를 보여주는 인도의 성공담은 한·미 자유무역협정(FTA) 같은 대형 개방 이슈를 앞둔 우리에게도 시사하는 바가 적지 않다. 물론 동시에 이공계 고급두뇌가 풍부하고 우수한 기술력으로 무장한 혁신적 기업가들이 많았기에 개방의 역풍보다 순풍을 탈 수 있었다는 사실 역시 간과해서는 안 될 또다른 시사점이다. 무조건적인 개방이 아니라 준비된 개방이어야 한다는 말이다.　　　　　　　　　　　　　(2006.03.04)

제4부

금융의 선진화

" 한국 금융의 기억상실증 "

♯ 1

"생산, 투자가 모두 감소하는 경기하강 국면에서 유독 소비만 호조를 보이는 것은 분명 정상적인 상황이 아니다. 전체 국민소득은 감소 또는 정체하는데도 소비는 오히려 늘어나는 모순은 어떻게 받아들여야 할까.

그 해답은 최대 호황을 구가하는 신용카드업과 폭발적으로 증가하는 은행의 가계대출에서 찾을 수 있다. 특히나 범람하는 신용카드는 올해 내수증대의 1등공신이다. 올해 우리 국민들은 전체 인구수의 두 배에 가까운 8,200만장의 신용카드를 호기있게 긁어대며 400조원 가까이 소비할 전망이다. 지난해보다 배 이상 늘어난 액수이다. 한국의 신용카드 사용액은 경제규모가 10배나 큰 일본보다 많으니 가히 카드의 천국이라 할만하다.

〈중략〉

그러나 길거리에서 좌판을 벌여놓고, 오가는 행인들을 대상으로 선물공세를 펴가며 무차별로 가입자를 유치하는 광경은 선진 신용 사회에서는 상상도 못할 일이다. 외국생활을 해본 사람이라면 신용 카드 발급이 얼마나 까다롭고 엄격한지 너무 잘 안다. 남발되는 카드는 부실금융으로 이어질 수밖에 없다. 은행의 카드대금 연체율은 8.6%로 일반 대출의 연체율보다 5배나 높다. 만의 하나 경기라도 악화할 경우 신용위기를 촉발할 위험성을 안고 있는 시한폭탄이다.

'외상이라면 소도 잡아먹는다' 는 부채불감증, 카드 때문에 늘어나는 세수로 즐거운 정부, 신용을 남발해서라도 당장 순익을 올리려는 금융기관의 모럴해저드가 얽혀 언제 터질지 모를 내수의 거품을 만들어내고 있다면 지나친 기우일까." (2001.12.13)

＃2

"4년간 금융권은 어느 분야와도 비교가 되지 않을 정도로 혹독하고 철저한 구조조정을 치렀다. 수치상으로 보더라도 26개 은행이 절반 이하인 12개로 줄어들었고, 30개에 달하던 종금사는 겨우 5개만 남았다. 인력은 금융권을 통틀어 10만명 이상이 감소했다. 이렇게 살을 도려내고, 뼈를 깎아낸 금융 구조조정은 성공작인가. 적어도 경영성적표만을 보면 그런 평가도 가능하다. 그러나 은행의 속사정을 한 꺼풀만 벗겨보면 얘기는 달라진다. 눈부신 경영성과부터가 거품이다. 대부분 은행들이 고유의 예대마진을 통해 돈을 벌어들인 게 아니라 폭발적인 카드사용 수수료 증가로 수익을 남겼다.

〈중략〉

대출 행태도 과거에 비해 나아졌다고 말하기 어렵다. 대부분 은행들이 위험부담이 높은 기업대출은 외면하고, 위험이 널리 분산되고 수익성이 양호한 가계대출에만 매달려 대출의 편중 현상이 도를 더해가고 있다. 지난 4년간 은행권의 가계대출은 100조원 이상 늘어났고, 전체 대출에서 차지하는 비중도 20%대에서 50% 수준에 육박한다.

선진국에 비하면 우리의 가계대출 비중이 아직 높은 것은 아니라고 은행들은 항변하지만 문제는 짧은 기간 동안 가계의 빚이 눈덩이처럼 불어났다는 점이다. 이런 가운데 금리가 오르고 주식, 부동산의 자산가치가 폭락하는 사태가 온다면 신용위기가 올 수밖에 없다. 한 시중은행장은 올 연말쯤이면 은행 빚을 갚지 못하는 가계 대출자들이 속출, 농가부채 탕감과 비슷한 조치가 필요할지 모른다고 경고했다. 은행들이 피눈물을 흘리며 구조조정을 하던 4년 전의 초심으로 돌아가기를 당부한다." (2002.03.07)

이 글들은 2002년을 전후해 한국일보 오피니언면에 필자가 쓴 칼럼의 내용이다. 리스크 관리에 실패해 외환위기를 맞았던 금융계가 또 다시 카드를 마구 뿌려 신용위기가 우려된다는 메시지를 담고 있다.

#2에서 언급한 시중은행장은 하나은행 김승유 당시 행장(현 하나금융지주 회장)이었다. 개인적으로 저녁을 같이하는 자리에서 그는 카드문제가 앞으로 심각한 사태를 초래할 것임을 예고했다. 당시 삼성, LG같은 재벌계 카드사와 은행들은 폭발적으로 늘어나는 카드 사용으로 인해 콧노래를 부르고 있었다.

외환위기를 신속히 벗어나겠다는 일념에만 사로잡힌 정부는 1999년 중반부터 카드사용 활성화 대책들을 쏟아냈다. 현금서비스 한도를 폐지하고 카드사용액에 대한 소득공제를 도입했다. 카드사들도 리스크 관리의 기본원칙도 무시한 채 길거리에 좌판을 벌여가며 지나가는 행인 누구에게나 카드를 안겼다. 오죽하면 개도 카드를 물고 다닌다는 농담이 나올 정도였다. 카드의 용도 또한 신용 구매보다는 현금서비스의 비중이 70%에 육박할 정도로 무분별한 대출이 이루어졌다.

정부도 위기감을 느끼고 2003년부터 현금대출 비중 축소와 같은 카드 대책을 내놓기 시작했지만 이미 때는 늦었다. 정부가 대출을 조이자 여러 개의 카드로 대출을 받아가며 빚 돌려막기를 하던 사용자들이 상환불능 상태에 빠졌고, 카드사들은 대출부실로 심각한 유동성 위기에 직면해 결국 LG카드라는 뇌관이 터지면서 카드사태가 표면화했다.* 카드사태는 대출을 갚지 못하는 400만명의 신용불량자를 양산했으며, 김승유 행장이 정확히 예견한대로 이들에 대한 부채탕감조치와 신용회복 프로그램이 실시되기에 이른다.

카드사태로 금융계는 혹독한 시련을 치렀다. 그러나 몇년이 채 흐르지도 않은 2007년 중반 부동산 담보대출 남발에 따른 가계발(發)금융위기 가능성 앞에서 몸을 떨고 있다. 카드사태 당시 350조원 수준이던 가계대출은 2006년말 671조원으로 배 가까이 늘었다. 가계신용의 위험수준을 종합적으로 보여주는 가계신용 위험지수도 2.29를 기록, 2002년 2/4분기 수준(2.06)을 넘어섰다. 똑같은 실수를 반복하는 금융계는 영화 '메멘토'에 등장하는 단기기억상실증 환자가 아닌가 싶다.

표 | 4

가계부채및 가계신용 추이 (단위:조원, %)

	2002년	2003년	2004년	2005년	2006년
가계부채	496.0	520.3	542.4	601.6	671.1
(증가율)	(−)	(4.9)	(4.2)	(10.9)	(11.6)
가계신용	439.1	447.6	474.7	521.5	582.0
(증가율)	(28.5)	(1.9)	(6.1)	(9.9)	(11.6)

〈자료:삼성경제연구소〉

---

* 위기에 빠진 LG카드는 우여곡절 끝에 결국 우리은행에 매각되었다.

"금융 선진화 없이 경제 선진화 없다"

'기초과학의 기반이 무너진다.'

필자가 1994년부터 1년간 영국 옥스포드 대학에서 연수를 하고 있을 때, 이러한 논쟁이 옥스포드를 한참 달구고 있었다. 사연은 수학과 물리학 같은 기초과학을 전공한 우수한 인재들이 전공 분야를 포기하고, 런던의 '시티'로 몰려간다는 얘기였다. 시티란 뉴욕의 월스트리트처럼 영국의 금융회사들이 몰려있는 지역으로, 금융가를 대변하는 말로 널리 쓰인다. 인문학이 주류를 이루며 영국의 지성사를 이끌어왔다고 자부하는 옥스포드대학의 전통에서 본다면 돈벌이를 위해 기초과학을 포기하는 세태가 지성의 위기라고 개탄하는 것도 무리가 아니다.

그러나 금융업은 영국 GDP의 30%이상을 차지하는 영국경제의 기둥이다. 영국은 철강과 자동차 같은 전통적 제조업들이 미국과 일본에 밀려 경쟁력을 상실하면서 1970, 80년대 급속한 쇠락의 길을 걸었다. 영국병이라는 용어가 등장한 시점도 이즈음이다.

'철의 여인' 마거릿 대처 총리는 그 해결책을 금융업에서 찾으려 했다. 1986년 은행과 증권회사간의 장벽을 없애고 외국기업의 자유로운 시장참여를 허용하는 금융빅뱅을 단행했다. 경쟁력이 없는 증권사들이 대거 퇴출당하고, 외국계 금융기관이 대거 진출하면서 영국의 기업은 타격을 입었지만, 대신 영국은 세계 금융의 중심으로 화려한 부활을 하게 된다.

현대 금융의 경쟁력은 금융상품 개발과 신용평가, 리스크 관리 같은 고도의 금융공학에 좌우된다. 금융공학은 기본적으로 수학,

물리학, 통계학에 바탕을 두고 있다. 미국 월스트리트의 금융인력은 대부분 수학과 물리학 전공자이며, 신용회사에도 수백 명의 수학과 물리학 박사들이 핵심 두뇌 역할을 한다.

외환위기를 겪으면서 한국의 금융산업은 그 낙후성을 만천하에 드러냈다. 이후 구조조정 과정은 외국계 금융회사들의 독무대가 되었고, 이들은 우월한 금융기법을 활용해 천문학적인 이익을 챙겼다. 예를 들어 제일은행을 인수한 뉴브리지캐피털은 매각차익으로 1조 1,500억원을 챙겼고, 한미은행을 인수한 칼라일도 시티은행에 되팔면서 7,000억원 넘는 차익을 벌었다.

외환위기 이후 국내 은행들은 인수합병을 통해 덩치를 키우는 데는 성공했지만, 거기에 상응하는 내실과 역량을 갖췄는지에 대해서는 매우 회의적이다. 금융업의 가장 기본이 되는 리스크 관리는 주택담보대출 남발이 보여주듯 담보만 잡으면 누구에게나 대출을 해주는 '전당포식' 행태를 벗어나지 못하고 있다. 자산의 건전성이나 리스크 관리보다는 외형확대 경쟁에 몰입하는 모습도 과거와 크게 달라지지 않았다. 2006년이후 중국과 베트남 증권시장을 중심으로 한 해외펀드 투자가 급증하고 있으나, 국내 은행이나 증권사들은 외국상품을 그대로 들여와 중개 수수료 끝전을 챙기는 수준을 벗어나지 못하고 있다.

금융은 자본주의의 혈맥이자 최고의 부가가치를 가진 미래산업이다. 금융에서 국제적 경쟁력을 갖추지 못하면 경제 강국이 될 수 없다. 외환위기로 국가부도 직전까지 갔던 경험이 그 생생한 증거다.

이런 맥락에서 정부가 입법화를 추진중인 자본시장통합법은 시의적절한 조치다. 자통법이 시행되면 은행과 증권회사 사이의 칸막이가 사라져 우리나라에도 골드만삭스 같은 대형 투자은행의 탄생이 가능해진다. 또한 투자대상이 주식, 채권, 부동산에 국한되지 않고 금이나 원유같은 실물자산에도 투자할 수 있게 된다. 정부는 이 법의 효과가 1986년 영국 금융시장 빅뱅 10배의 위력을 가질 것이라고 말한다. 자통법이 모델로 삼고 있는 호주의 '금융서비스 개혁법'의 경우 2001년 제정된 지 불과 4년 만에 호주의 자본시장 규모가 2배로 늘어나는 성과를 가져왔다. 금융산업의 경쟁력 확보는 한국경제의 선진화를 위해 반드시 넘어야 할 산이다.

표 | 5

국내 은행 외국인 지분 추이 (단위:%)

	2001년	2002년	2003년	2004년
우리은행	–	0.69	4.51	11.58
하나은행	–	28.71	37.15	68.31
외한은행	34.13	27.85	71.00	72.00
신한은행	48.62	48.97	40.38	62.88
SC제일은행	50.99	50.99	48.56	48.56
국민은행	71.11	70.23	73.56	77.20
대구은행	3.77	20.13	31.43	55.82
부산은행	10.64	12.04	38.46	59.15
전북은행	0.05	0.10	0.44	12.09
제주은행	0.00	0.00	0.01	0.05

주: 1) 우리은행과 신한은행은 우리금융지주와 신한금융지주의 외국인 지분 추이임
    2) 각 연도 12월말 기준

〈자료: **금융감독원**〉

“ 외국자본에 대한 바른 시각 ”

조지 W 부시 미국 대통령의 고향인 텍사스주의 별칭은 '외로운 별', 즉 론스타 스테이트(Lone Star State)이다. 흰 색과 빨간 색, 짙은 푸른색의 줄무늬 바탕에 별 1개가 외롭게 그려진 텍사스주의 깃발 이름이 바로 론스타이기 때문이다. 원래 멕시코의 영토였던 텍사스는 개발붐을 타고 몰려든 미국인 이주자들이 전쟁으로 멕시코를 몰아내고 1836년 분리독립을 했다. 이 전쟁에서 멕시코와의 전면전을 우려한 미국이 지원 요청을 외면해 홀로 싸움을 벌였고, 이 때 만들어진 주기가 론스타로 불리게 됐다는 속설도 있다.

이 외로운 별이 한때 서울 강남의 밤하늘을 밝힌 적이 있다. 강남을 오가다가 누구나 한번쯤은 보았을 역삼동 스타타워(지상 43층) 빌딩 꼭대기에서 빛나던 거대한 별 조명이 그것이다. 이 별은 빌딩주인이자 1991년 텍사스에서 시작된 세계적 투자펀드 론스타를 상징한 것이었다. 론스타는 세계적으로 200억 달러의 자산을 운영하는 폐쇄형 펀드로 외환위기 직후 국내에 들어와 헐값으로 쏟아진 부실채권과 부동산을 인수해 막대한 이득을 보았다. 현대산업개발로부터 사들인 스타타워를 3년반 만에 3,000억원을 남기고 지난해말 싱가포르투자청(GIC)에 되판 사례가 대표적이다.

론스타의 한국투자 하이라이트는 2003년 외환은행 인수다. 3년이 채 되지도 않아 국민은행에 4조 2,000억원 이상의 차익을 남기고 팔려다 외환은행 헐값 매각 의혹이 불거지는 바람에 무산됐다.

헐값 매각 의혹은 검찰 수사를 통해 사실로 결론지어졌다. 론스타의 로비를 받은 변양호 재정경제부 금융정책국장이 당시 부실 상태가 아닌 외환은행을 부실금융기관으로 지정해 사모펀드인 론스타가 인수할 수 있도록 했다는 것이다. 이강원 당시 외환은행장은 인수 후에도 행장직을 맡는다는 보장을 대가로 부실규모를 부풀리는 방법으로 외환은행의 국제결제은행(BIS)기준 자기자본비율을 조작한 혐의다.

외환은행 헐값 매각 의혹은 외국의 투기자본 거래행태에 대한 정부당국의 무지와 무방비를 그대로 드러냈다. 국내 금융기관에 대해서는 일거수일투족을 감독하고 규제하면서도, 투기자본들이 아무런 규제를 받지 않으면서 맘대로 활개를 치도록 방관해왔다.

그들은 국내에서 단기간 거래를 통해 막대한 차익을 챙겼으나 세금은 한푼도 내지 않았다. 조세회피지역에 본사를 두는 방법이나 이중과세 방지 조약을 교묘히 이용했다. 뒤늦게 국세청이 나서 장기간 세무조사를 통해 세금을 부과하기는 했지만, 소송에서도 이를 인정받을지는 미지수다. 또 아무런 방비도 없이 있다가 비난여론이 들끓자 세금을 추징하는 정부의 어설픈 대응은 '외국자본에 대한 탄압' 이라는 공격의 빌미를 제공했다.

투기와 투자를 명확히 구별할 수 없듯이 외국자본도 투기자본과 투자자본의 이분법으로 나누는 것은 불가능하다. 그들이 정상적인 방법을 통해 투자를 했다면 아무리 막대한 이익을 챙겨 나가더라도 이를 '국부유출'로 비난해서는 안 된다. 글로벌 시대에 자본의 국적을 따지는 것 자체가 무의미한 일이다. 그러나 그들이 국내에서 막대한 소득이 발생했는데도 세금을 전혀 내지 않는다거나, 변칙적이고 불법적인 방법을 통해 시장질서를 교란시켰다면 당연히 법에 따라 처벌과 제재를 받아야 한다. 이를 위해서는 국내 금융산업의 경쟁력이 높아져야 하며, 금융감독당국도 글로벌 금융거래에 대한 정확한 지식과 체계적인 대비가 있어야 한다.

📝 모피아

경제 정책을 총괄 조정하고 세제와 금융을 양손에 쥐고 있는 재정경제부는 최고의 엘리트 집단이자 막강한 경제 권력이다. 우리나라 경제를 움직이는 두 축은 삼성과 재경부라는 말이 있을 정도다. 예산을 잡고 있는 기획예산처나 모든 금융기관을 감독하는 금융감독위원회도 한때 재정경제원이란 한 울타리에서 살았던 같은 식구들이다. 특히 이들 가운데 과거 재무부 출신을 중심으로 한 금융정책 관료들은 최고의 엘리트라는 찬사를 듣기도 하지만 한편으로는 폐쇄적인 인맥으로 금융계를 장악해 모피아(Mofia)라는 손가락질을 받는다. 모피아는 과거 재무부의 영문 약자(MOF)와 마피아(Mafia)의 합성어이다.

이헌재 전 재정경제부장관 겸 경제부총리는 그 모피아의 두 얼굴을 상징적으로 보여주는 인물이다. 외환위기 직후 금융감독위원장으로 한국 경제의 구조조정을 성공적으로 지휘하며 스타로 떠오른 그는 DJ정부와 참여정부에서 재경부 장관을 두 번이나 역임했다. 경제관료 출신 가운데 그만큼 능력을 인정받으며 막강한 힘을 발휘한 예는 찾아보기 어렵다. 경제개발의 대명사로 1969년부터 74년까지 재무부 장관을 지내고 곧바로 78년까지 4년5개월간 최장수 경제부총리를 지낸 남덕우 전총리 정도다. 5공 시절에는 김재익 청와대 경제수석이 경제부총리를 능가하는 힘으로 경제정책을 좌지우지한 것으로 유명하지만 이는 전두환 전 대통령의 절대적 신임이 있어 가능했다.

이헌재의 힘은 권력이 아니라 시장으로부터 나온다는 점이 전임자들과 달랐다. 높은 식견과 실물경제에 대한 해박한 지식, 과감한 추진력을 널리 인정받았다는 뜻이다. 2004년 2월 그가 부총리로 복귀하자 증권가에서는 '이헌재 효과'라는 말까지 등장했다. 노무현 대통령이 성장론자이자 시장주의자로 자신과 코드가 통하지 않는 그에게 경제정책을 맡긴 이유도 바로 시장의 신뢰 때문이다.

그렇게 경제를 호령하던 그가 검찰의 칼날 앞에 서 있다. 검찰이 계좌를 샅샅이 뒤지고 출국금지가 내려져 범죄혐의자 취급을 받고 있다. 외환은행 매각에 대한 검찰 수사가 그를 겨냥하고 있다는 말도 흘러나온다. 사실이 아니길 바라지만 그가 수사대상자가 됐다는 것만으로도 충격적이다. 더욱이 재경부에서도 가장 유능하고 청렴한 관료로 꼽히던 변양호 전 금융정책국장과 연원영 전 자산관리공사 사장이 뇌물을 받은 혐의로 구속돼 재경부 전체가 부패집단으로 비치는 수모를 당하고 있다.

이 전 부총리 더 나아가 모피아가 지금 처한 수난은 권력의 자기절제가 부족했기 때문이다. 많은 권력을 가질수록 자기 주변 관리를 철저히 하고 권력남용과 부패의 유혹에 빠지지 않도록 근신해야 하는 것이 동서고금의 진리다. 그런 점에서 금융계에 '이헌재 사단'이라는 용어가 나도는 것은 실체 여부를 떠나 그의 잘못이다. 지금 이헌재 사단이 도마 위에 오른 까닭도 그 일원을 자처하고 다닌 김재록 때문이 아니던가.

그를 부총리 자리에서 끌어내린 재산문제도 그렇다. 2000년 8월 재경부 장관에서 물러나 다시 부총리로 복귀할 때까지 3년6개월 동안 그의 재산은 25억원에서 86억원으로 불어나 논란이 됐다. 2003년 그가 외환은행으로부터 받은 10억원의 대출은 검찰 수사의 표적이 되고 있다. 이 시절에 그는 또 국민은행 고문 자격으로 매달 500만원을 받은 것이 드러나 물의를 빚기도 했다. 명확한 불법행위가 드러난 적은 없지만 자기 주변 관리에 철저하지 못했다는 비난은 피하기 어렵다.

요즘 재경부는 과거의 화려했던 위상은 사라지고 감사원 감사와 검찰 수사로 공황상태에 빠져 있다고 한다. 그 모든 책임은 재경부 자신에게 있다. 남을 탓하기 전에 통렬한 자기반성이 있어야 한다. 그러나 한국경제를 이끌어가는 부처로서 재경부의 중요성과 관료들의 남다른 능력과 사명감에 대한 국민들의 기대와 믿음은 변하지 않았다고 생각한다. 재경부의 변신과 분발을 기대한다. (2006.06.24)

사채도 글로벌 자금시대

　개인병원을 운영하는 김모씨는 지난해 한 시중은행에서 의료장비 구입용으로 5억원의 엔화대출을 받아 강남에 재건축 아파트 한 채를 사들여 톡톡히 재미를 봤다. 엔화대출은 원칙적으로 기업을 대상으로 하지만 김씨처럼 개인사업자들이 시설용 자금 명목으로 대출을 받아 부동산 투기에 전용하는 사례가 성행했다. 대출금리가 불과 3%대로 일반 주택담보대출 금리(6∼7%)보다 훨씬 싸기 때문이다. 게다가 원·엔 환율이 계속 떨어진다면 환차익으로 인해 대출 상환부담은 더 덜어진다. 세계 금융시장은 요즘 김씨 같은 행동을 하는 엔캐리 트레이드(Yen carry trade)로 요동을 치고 있다.

　엔캐리 트레이드란 0%대 금리에 머물고 있는 일본의 엔화자금을 빌려 고수익이 기대되는 나라 금융상품에 투자하는 것을 의미한다. 글로벌화로 국제간 금융거래 장벽이 무너지면서 국경을 뛰어넘는 엔캐리 트레이드가 급증하는 추세다. 세계 주식시장이 지난 몇년간 호황을 누린 것도 그 덕분이다. 그러나 단기투기성 자본인 헤지펀드가 이 자금을 무기로 세계 금융시장을 휘젓고 다니는 바람에 시장의 불안정성은 그만큼 더 높아졌다. 최근 중국 증시의 폭락이 세계 증시를 강타한 이유도 엔캐리 트레이드 때문이라는 분석이 많다.

　엔캐리 트레이드는 우리 경제를 괴롭히는 엔화 약세의 주범이다. 엔화 자금으로 타국에 투자하기 위해서는 엔화를 교환해야 하는데 이 경우 수요공급에 따라 엔화가 약세를 보이게 된다. 엔화가치가 하락하면 환차익으로 인해 엔캐리 트레이드는 더 유리해지기 때문에, 거래증가 → 엔화 약세가 상승작용을 일으키며 가속화한다. 엔저가 심화하면서 한국제품은 세계시장 곳곳에서 일본과의 경쟁에 고전하고 있다. 그런 점에서 일본 중앙은행이 지난달 금리를 0.5%로 인상한 것은 엔캐리 트레이드 광풍에 제동을 거는 효과가 기대된다.

　그러나 주식시장에서는 세계증시에 기름을 부어온 엔캐리 트레이드가 청산될 경우 적지 않은 충격이 있을 것으로 우려하고 있다. 이렇게 다양한 얼굴을 가진 엔캐리 트레이드의 효과는 국내 시장만을 들여다보는 경제 정책이 더 이상 유효하지 않다는 메시지를 준다. 한국은행이 금리를 올리더라도 저금리의 엔화자금이 넘쳐 나면 금리인상의 효과는 제한적일 수밖에 없다. 주택담보대출을 막아도 엔화대출자금이 부동산시장에 흘러들 수 있다. 금융의 글로벌화는 더욱 정교하고 유연한 정책을 요구하고 있다. (2007.03.03)

📝 환율의 악몽

1992년 9월 영국의 파운드화가 투기세력의 공격으로 대폭락하기 시작했다. 인위적으로 파운드화를 높게 떠받쳐 온 영국 중앙은행은 280억 달러의 외환보유액을 풀어 파운드화를 무제한 사들였다. 이자율을 하루 두 차례나 올리는 극약처방도 썼다. 그러나 결국 투기세력의 공격에 무릎을 꿇고 유럽 단일통화체계(ERM)에서 쫓겨나는 수모를 당했다. 시장 개입으로 날린 돈은 33억 파운드(6조3,000억원). 공격을 주도한 투기꾼은 단번에 10억 달러를 챙겼다. 최근 재미동포 여성과 재혼, 화제가 됐던 '월가의 전설' 조지 소로스다.

환율의 파괴력은 1997년 외환위기 과정에서 우리에게도 피눈물을 흘리게 했다. 국제수지 적자가 누적되고 외국자본이 이탈하면서 원화가치가 떨어졌지만 김영삼 정부는 외환보유액을 동원해 무리하게 환율을 지탱했다. 결국 외환보유액이 바닥나면서 외채를 못 갚게 되자 국제통화기금(IMF) 관리체제로 들어가야 했다. 당시 달러당 900원대이던 환율은 1,700원대까지 치솟았다. 일본의 잃어버린 10년도 환율에서 시작됐다. 1985년 플라자합의*로 엔화가치가 급등하자, 일본 정부는 기업에 미칠 충격을 줄이고자 콜금리를 급격히 내렸고, 이것이 부동산 버블을 불렀다.

최근 원·달러 환율이 외환위기 이전 수준인 910원대까지 떨어지면서 불안감이 고조되고 있다. 한국경제를 이끌어가는 수출에 심대한 타격을 주기 때문이다. 자연히 정부가 개입해서라도 환율 하락을 막아야 한다는 아우성이 터져 나온다. 그러나 영국의 사례가 보여주듯 환율 방어에는 천문학적 비용이 들어간다. 달러를 사들여 싸게 팔아야 하기

---

* 1985년 9월 22일 프랑스와 독일, 일본, 미국, 영국 등 선진 5개국 중앙은행 총재가 뉴욕의 플라자 호텔에서 미국의 무역수지 개선을 위해 '일본 엔화와 독일 마르크화의 평가절상을 유도하고 이것이 순조롭지 못할 때에는 정부의 협조 개입을 통해 목적을 달성한다'는 등의 내용에 합의한 것.

때문에 환차손이 발생하고, 국채를 발행해 달러 매입비용을 충당하는 과정에서 이자비용도 만만치 않다.

올해 국정감사 자료에 따르면 정부가 시장에서 달러를 사들이는 외국환평형기금의 2003년 이후 누적적자가 18조원에 이른다. 원화를 주고 달러를 사는 과정에서 통화량이 늘어나는 부작용도 심각하다. 외환위기 직후 재정경제부 장관을 지낸 이규성씨가 최근 〈한국의 외환위기〉라는 1,000페이지가 넘는 방대한 저서를 내놓아 화제가 된 바 있다. 저자는 외환위기의 가장 중요한 교훈으로 경제 변수들의 '올바른 값'을 들었다. "환율이 올바른 자리에서 이탈되어 있는데도 방치하면 이를 시정하려는 시장 참가자들의 공격을 받게 되며, 그 정도가 심하면 외환위기가 온다"는 의미심장한 지적이다.   (2006.12.09)

제5부

정부와 공공개혁

" 대한민국은 공무원 공화국 "

대한민국은 공무원 공화국이다. 과거보다 많이 약해지기는 했지만 공무원의 힘과 영향력이 우리나라만큼 강력한 예는 다른 나라에서 찾아보기 힘들다. 그 배경은 사농공상(士農工商)의 유교 전통까지 거슬러 올라갈 수도 있겠지만, 근대화 이후 정부 주도의 경제개발 정책 탓으로 보는 편이 무난하다. 정부가 시장을 대신해 자원을 배분하고, 정부가 짠 계획에 따라 경제가 움직이는 구조였으니 공무원은 바로 국가를 움직이는 두뇌였다. 우수하면서도 사명감에 투철한 공무원 조직이 한국경제 발전의 핵심 원동력이라는 사실은 부인하기 어렵다.

그러나 이제 시대는 바뀌었다. 공무원 조직이 더 이상 민간을 이끌 정도로 유능하거나 효율적이지 않다. 심하게 말하면, 그럴 필요도 없다. 민간 주도의 경제성장 시대에 정부의 역할은 더 이상 '사령관'이나 '총감독'이 아니라, '심판'이나 '중재자'에 가깝다. 따라서 유능함보다는 도덕성이나 공평성, 봉사정신이 시대가 요구하는 공직자의 덕목이다. 하지만 공무원 사회는 여전히 과거에 머물려고 한다. 시장에 맡기기보다는 정부가 나서려하고, 자율을 보장하기 보다는 규제를 만들려하고, 민간에 봉사하기보다는 군림하려고 한다.

정부의 과도한 영향력과 규제는 공공조직의 비대화와 비효율을 낳고, 부패를 키운다. 한국의 국가경쟁력을 평가하는 데 있어 정부는 항상 점수를 깎아먹는 요인이었다. 스위스의 국제경영개발원이 2006년 실시한 국가별 경쟁력 평가에서 정부의 효율성은 55개국 가운데 41위라는 저조한 수준에 머물렀다. 국가경쟁력(32위) 수준을 따라오지 못했다. 2007년에는 31위로 나아졌지만 여전히 평균치 이하다.

정부의 팽창은 위험수준이다. 노무현 정부 출범이후 4년간 중앙정부 공무원은 4만 8,000여 명, 지방공무원도 5년간 3만 7,000명 가량 늘었다. 공무원 조직은 가만히 놔두어도 스스로 팽창하는 속성이 있다. 이른바 '파킨슨의 법칙'이다.

영국의 역사학자 파킨슨은 2차대전중 해군성에 근무하면서 영국 해군이 과거 20년간 절반 가까이 감축됐음에도 불구하고, 해군성 근무자는 더 늘어난 사실에 주목했다. 식민지를 관리하는 식민지성도 마찬가지였다. 한때 해가 지지 않는 나라로 불릴 정도로 많던 영국 식민지는 2차대전 이후 대부분 독립했지만, 식민지성 직원들은 더 늘어났다.

우리나라 경우도 5년간 지방공무원 증가율(15.2%)은 같은 기간 인구증가율(2.7%)을 크게 앞지르고 있다. 공무원들이 자리를 늘리는데 공기업이 가만히 있을 리 없다. 2006년말 현재 288개 공기업 인원은 2002년에 대비해 12.1%인 2만5,686명이 늘어났다.*

공무원 자리가 늘어나면 규제도 함께 늘어나는 경향이 있다는 점도 경계해야 한다. 노무현 정부 집권 동안 규제가 소폭 증가했다는 사실은 공무원 숫자 증가와 무관치 않다. 김대중 정부 기간에는 공무원 숫자가 3만4,000명 줄었고, 규제 역시 1만717개에서 7,497개로 30%가량 줄었다는 사실을 보더라도 그런 추리가 가능하다.

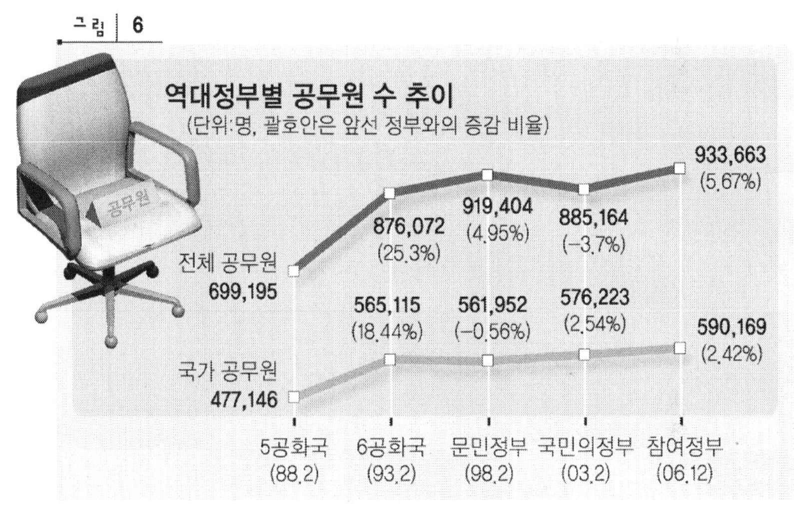

기업 입장에서는 규제에 따라 운명이 바뀔 수 있기 때문에 대정부 로비에 매달리게 된다. 예를 들어 SK텔레콤, KTF, LG텔레콤 3사간 경쟁이 치열한 이동통신의 경우 번호이동성 같은 정책 변화, 또는 불법보조금에 대한 과징금 부과액수에 따라 기업의 한해 순익이 천당과 지옥을 오간다. 이들 기업에는 대관업무, 즉 정부관계 업무를 담당하는 조직이 방대하다. 다른 산업 분야도

* 중앙일보 2007년 3월 28일자

대정부 관계가 원만하지 못하면 무슨 벼락을 맞을지 모른다는 불안감에 시달리기는 마찬가지다.

공직사회는 과거에 비해 많이 투명해졌지만 국민들의 인식은 그렇지 못하다. 2006년말 한국개발연구원(KDI)이 전국 성인 남녀 1,500명을 대상으로 실시한 '사회적 자본 실태 종합조사'에서는 응답자의 70%가 '공직자 2명중 1명은 부패했다'고 답했다. 정부에 대한 신뢰도는 3.3점으로 대기업(4.7)과 노동조합(4.6)보다 낮았으며, 전혀 모르는 사람을 볼 때 느끼는 신뢰도 4.0보다도 못했다.

공무원들은 억울하게 느낄 수도 있지만 그 책임 또한 그들 내부에 있다. 얼마 전 국세청의 한 공무원이 "세금을 낮추려면 얼마면 되겠느냐"는 제의를 받고 손가락 한 개를 들어보였더니 1억원을 주더라는 법원 판결 내용이 화제가 된 일이 있다. 공무원에 대해 민원인들이 어떤 생각을 갖고 있는지를 상징적으로 보여준 사건이다. 세계 어느 나라를 돌아보더라도 부패한 국가가 선진국에 진입한 사례는 없다.

❝ 작은 정부, 큰 정부 ❞

　노무현 정권의 독특한 특징 가운데 하나는 매우 친(親)공무원적이라는 사실이다. 노무현 대통령은 2007년 초 국장급 이상 고위공무원을 격려하는 점심 자리에서 "우리 경제가 여기까지 온 비결은 뭘까, 아무리 생각해도 우수한 공무원, 사명감 있는 공무원밖에 달리 답이 없다"고 극진한 찬사를 보냈다. 자리의 성격상 대통령으로서 고생하는 공무원에게 애정을 가득 담아 표현한 것이라고 이해되지만, 과공비례(過恭非禮)라는 느낌을 지울 수 없다. 노 대통령이 우리 사회 기득권층, 예를 들어 정치인, 검찰, 언론, 군인, 교육계, 대기업 등에 보여온 부정적 시각과 체질적 거부감을 감안하면 대표적 기득권 세력인 공무원에 대한 일방적 구애는 이해가 되지 않는다.

　노 대통령이 공무원에게 준 가장 큰 선물은 '큰 정부론'이다. 역대 정권마다 초기에는 정부조직 축소를 비롯한 공공개혁을 의욕적으로 추진했지만, 참여정부는 처음부터 구조조정은 필요없다고 선언했다. 작은 정부론은 우리 실정에 맞지 않으며 할 일 하는 정부, 책임을 다하는 정부, 효율적인 정부가 필요할 뿐이라고 분명히 선을 그었다. 진보적 정권 등장에 잔뜩 긴장하고 있던 당시 공무원 사회는 쾌재를 불렀다.

　우리 공무원 숫자는 선진국의 3분의 1 수준에 불과하며, 대국민 서비스 확대 차원에서 복지와 교육 같은 분야에 인력을 계속 확충해야 한다는 논리다. 어느 정도 일리가 있는 지적이다. 지식이 경쟁력이 되는 세상에서 교육에 대한 투자는 아무리 늘려도 지나치지 않다고 해야 한다.

　다만 그러기 위해서는 먼저 정부조직의 내부 교통정리부터 먼저 해야 마땅하다. 행정 수요가 줄어드는 부분, 인력 과잉이 심한 분야를 찾아내 인력 재배치를 먼저 한 뒤 그래도 필요한 부분이 있으면 조직을 신설해야 순서가 맞다. 중앙부처 공무원을 4만명 이상 늘리는 동안에 그러한 재배치가 이뤄졌다는 얘기는 들어본 적이 없다. 관공서에 가보면 할 일 없이 노는 공무원들을 쉽게 보게 된다. 농촌 인구는 매년 급속히 감소하고 있지만 농림부 조직은 여전히 늘어나고 있다.

대통령이 앞장서서 공공개혁에 대한 방패막이가 되어주니 공무원 조직의 고삐는 완전히 풀려버렸다. 각 부처마다 다양한 명분을 내걸고 조직 늘리기 경쟁이 치열하다. 정부의 주장은 공공서비스 최일선에서 일하는 실무자들을 늘린다는 것이지만, 현실은 그렇지도 않다.

예를 들어 참여정부 4년 동안 장차관급 고위 정무직은 106명에서 136명으로 급증했다. 참여정부 초기에 통폐합이 거론되던 주택공사와 토지공사는 행정복합도시 건설이란 국책사업에 편승해 그동안 조직이 50% 가까이 늘어났다. 몸무게처럼 늘리기는 쉬워도 줄이기는 어려운 게 공공조직이다. 장차 행정복합도시 건설이 마감된다고 해도 일단 불어난 조직을 다시 축소할 수 있을지 의문이다.

작은 정부를 지향하는 세계적 추세는 역사적 경험의 산물이다. 한국이 정부조직을 계속 늘려가고 있는 동안, 이웃 일본은 정반대로 대대적인 공공개혁을 일관성 있게 추진해왔다. 정부 22개 부처를 12개로 줄였고, 재정구조가 취약한 지방자치단체의 통폐합을 통해 2002년 약 3,200여 개에 이르던 지자체가 지금은 1,800여 개로 줄었다. 공무원 숫자도 10년 동안 25%를 감축하기로 하고, 그대로 시행해 가고 있다. 그러고도 일본 정부가 돌아가지 않는다는 말은 듣지 못했다. 오히려 일본 경제는 전후 최장기 호황을 누리며 화려하게 부활하고 있다.

‘정부 구조조정의 바이블’ 사례로 통하는 뉴질랜드의 경우 50개 이상의 중앙정부조직을 통폐합했고, 지방정부 조직도 600개에서 94개로 줄여버렸다. 대선에서 승리한 니콜라 사르코지 프랑스 대통령의 첫 마디는 30명에 이르는 장관을 절반으로 줄이겠다는 약속이었다. 신자유주의 모델의 대척점에 있는 유럽식 모델의 산실인 프랑스도 작은 정부라는 시대적 추세를 외면하지 못하는 세상이다.

공공개혁을 외면하는 중앙정부와는 달리, 울산시, 서울시 같은 지방자치단체들이 자발적으로 무능 공무원 퇴출 작업에 나선 것은 ‘밑으로부터의 혁명’이라고 평가할 만하다. 공무원을 쫓아내는 게 능사라는 얘기는 아니다. 그들의 신분과 자리는 충분히 보장하더라도 성실하고 유능한 공무원과 그렇지 못한 공무원들이 분명히 가려지고, 상응한 신상필벌이 엄격히 이뤄지는 시스템은 반드시 갖춰야 한다는 것이다. 퇴출 제도가 도입된 지자체에서는 업무를 대하는 공무원들의 긴장감이 높아지고, 대국민 서비스도 확연히 달라지는 성과가 바로 나타나고 있다고 한다.

정부의 효율성을 높이기 위한 참여정부의 대응은 혁신이었다. 시스템에 의해 움직이는 정부를 지향하며 요란하다 싶을 정도로 혁신의 구호를 외쳤다. 전자 정부에 대한 과감한 투자, 정보공개의 확대, 인사제도의 혁신은 상당한 성과도 있었다. 그러나 행정자치부가 실시한 대국민 설문조사에서 ‘혁신 내용을 잘 알고 있다’는 응답은 8.8%에 불과했다. ‘정부 혁신하면 떠오르는 것’을 묻는 질문에 65.5%가 ‘없다’ 또는 ‘모른다’고 답했다.

국민이 느끼지 못하는 혁신으로 정부의 효율성을 높일 수는 없다. 고인 물은 썩기 마련이다. 적절한 자기 제어가 없이 몸집만 부풀려가는 정부는 결코 효율적인 정부가 될 수 없다.

"공기업 대수술이 필요하다"

정치인 출신으로 DJ 정부 말기에 한국마사회장을 맡은 Y씨는 공기업도 구조조정을 하라는 압력을 받게 되자 시설, 통신업무를 분사시켰다. 이 회사의 사무실은 마사회 안에 있었고, 직원들은 평소 하던 시설관리를 예전처럼 했다. 분사 업체에는 온갖 특혜가 주어졌다.

그 대가로 이 업체 대표 J씨는 Y회장에게 1억4,000여만원을 상납했다. 뇌물은 곶감 등 농수산물 선물상자나 초밥통에 만원짜리를 가득 채워 전달하는 기상천외한 방법이 동원됐다. J씨는 특히 황금알을 낳는 사업으로 불리던 인터넷 경마사업권을 자신에게 달라고 매달렸다. 15,16대 총선에서 연거푸 낙선한 뒤 17대 총선을 준비해야 하는 Y씨에게는 지역구 관리 등을 위해 돈이 절실히 필요한 상황이었다. 이 업체를 관리하는 대리급 직원에게도 매달 100만원이 꼬박꼬박 전달됐다. 마사회의 적극적인 지원으로 회사 매출은 3년 사이 3배 가까이 늘었다.

한해 매출 6조원의 한국마사회에서 2005년 벌어진 이 기가 막힌 비리는 왜 공기업이 방만한 경영과 비리, 비효율에 빠져들게 되는지를 단적으로 설명해준다. Y회장이 물러난 자리에는 참여정부 탄생에 기여한 정치인 출신이 앉았다. 8명의 임원 가운데 5명이 모두 낙하산을 타고 내려온 정치권 출신이다. 방만한 경영실태와 비리가 수많이 드러나고, 그때마다 여론의 질타가 쏟아지고, 정부가 거창한 후속대책을 내놓는 일이 챗바퀴 돌듯이 반복되는데도 여전히 공기업이 달라지지 않는 이유가 이해된다.

대한민국 공기업은 거대한 부실덩어리라고 해도 지나치지 않다. 밑빠진 독에 물 붓기처럼 귀중한 국민 세금을 낭비하면서, 경영보다는 자신들의 잇속을 챙기는 데만 혈안이 되어있는 도덕적 해이가 만연해 있다.

288개 공기업들은 2006년 다섯곳 중 한개 꼴로 적자를 냈다. 순이익은 30% 줄고, 부채는 20조원 늘었다. 그러나 2002~2004년 정부투자기관의 임금인상률은 평균 14.6%로 정부의 가이드라인(7%)을 한참 초과했다. 인원도 2002년 대비 12.1%가 늘어났다.

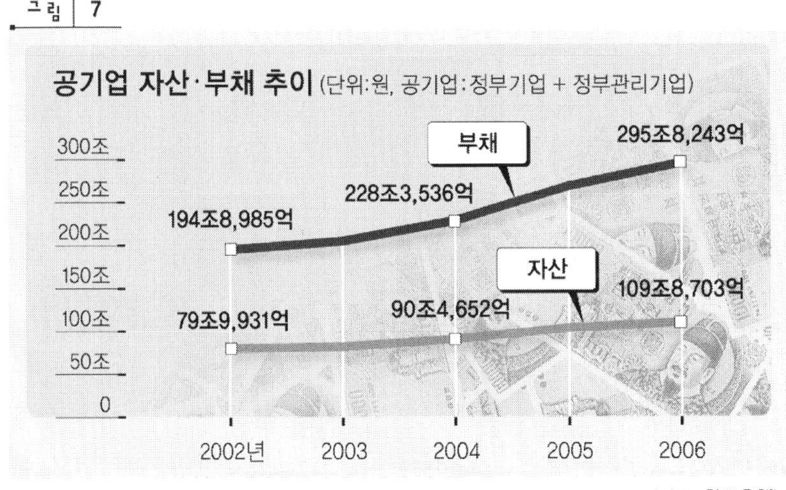

한때 통폐합이 추진되던 주택공사와 토지공사는 참여정부 4년 동안 인원이 50%나 늘었다.* 한국은행은 운전기사의 연봉이 9,000만원에 이르는 것으로 밝혀져 국민들을 놀라게 했다. 한국은행의 직원 1인당 사무실 전용면적은 12.2평에 이른다. 소형아파트 규

---

* 중앙일보 2007년 3월 28일자

모의 공간을 2명이 쓰는 셈이다. 또 지방은행에 대한 검사기능이 폐지됐는데도 19개 지방조직을 그대로 운영하고 있다.

앞서도 언급했지만 아무리 국민들의 비난여론이 들끓어도 공기업이 달라지지 않는 이유는 정치권력과 공무원, 공기업 직원들이 모두 지금 같은 구조의 수혜자들이기 때문이다. 권력에게 공기업은 정권 창출에 기여한 정치적 동지나 지지자들을 위한 화려한 논공행상의 도구다. 혁신을 부르짖는 노무현 정부의 공기업 낙하산 인사는 과거 정권보다 심하면 심했지 결코 덜하지 않았다. 그러한 공기업 임원들의 모임에 청맥회라는 것이 있다. 이 단체 회원은 60명(2004년), 91명(2005년), 134명(2006년)으로 정권 후반기로 갈수록 급증하고 있어 낙하산 실태를 가늠케 한다.

공무원에게도 공기업은 자신들이 맘대로 움직일 수 있는 거대 산하기관이며, 퇴직후 옮겨갈 수 있는 훌륭한 일자리다. 공기업에 대한 인사나 예산 및 사업 배정, 감사 권한을 갖고 있는 정부기관은 공기업이 하늘처럼 받들어 모시는 상전이다.

모 공기업은 중앙부처 담당 국장에게 승용차와 기름, 운전기사까지 제공하다가 국가청렴위원회에 적발됐다. 담당 부서 공무원들이 사무실 근처 식당에서 매일 먹는 밥값을 산하 공기업에서 대주는 일도 있었다. 이런 음성적 지원은 정도의 차이는 있겠지만, 대부분 공기업과 중앙부처 사이에서 관행처럼 행해지고 있다.

이러한 공생관계로 인해 공무원들은 산하 공기업이 많이 있으면 있을수록 좋다. 따라서 새로운 공기업을 만드는 일이라면 발 벗고 나선다. 공무원 재직중 자신이 공기업을 만들어서 퇴직후 옮겨가는 사례도 허다하다.

자회사를 늘리기 좋아하는 것은 공기업도 마찬가지다. 자회사나 출자회사를 대거 만들어서 임기가 끝난 임원을 전출 보내거나 재취업시킨다. 일부 공기업에서는 직원 자녀에게 가산점을 주어 직장 세습까지 하는 경우도 있었다.

안정된 고용에 높은 임금, 풍부한 복지혜택, 경쟁과 스트레스가 없는 느슨한 직장 분위기까지, '신이 부러워하는 직장'이라는 말이 나오지 않을 수 없다. 젊은이들 사이에 최고의 직장으로 각광받는 게 당연하다. 얼마전 인천항만공사가 연봉 2,400만원의 직원 채용공고를 내자, 변호사 8명과 공인회계사 7명, 석박사 726명이 몰려 화제가 되기도 했다. 민간 기업 등 여러 분야로 가야 할 우수한 인재가 공기업에 몰리는 것은 국가 전체를 위해 바람직한 현상이 아니다.

공기업이 하루빨리 대수술을 해야 한다. 그 출발은 권력－공무원－공기업으로 이어지는 추악한 공생관계를 청산하는 것이다. 그리고 국가 차원에서 관리할 필요가 없는 공기업은 과감히 민영화 해야한다. 민영화는 공기업의 낭비와 비효율을 없애는 가장 빠르고 확실한 방법이다. DJ정부에서 추진해온 민영화 작업을 중단한 것은 참여정부의 중대한 과오다.

미술관 대 호화청사

스페인 북부의 항구도시 빌바오는 분리주의 운동이 끊이지 않는 바스크주의 상징이자 1960년대까지만 해도 제철, 중공업으로 전성기를 구가하던 공업도시였다. 그러나 70년대부터 한국 등 아시아 국가들과의 경쟁에서 밀리면서 쇠락의 길을 걸었고, 사람들의 뇌리에서도 잊혀졌다. 실업자와 환경오염만 남은 이 흉물스럽던 도시를 오늘날 유럽 최고의 문화도시로 부활시킨 주인공은 1997년 개관한 구겐하임빌바오미술관이다. 빌바오시와 바스크주는 건축문화를 통한 도시 재생전략을 세우고 세계적 건축가 프랭크 게리에게 미술관 설계를 맡겼다. 소요 예산은 약 1,000억원.

구겐하임빌바오미술관은 티타늄판을 외장재로 사용한데다 원통과 삼각뿔 등을 쌓아 만든 듯한 독특한 디자인으로 인해 보는 위치에 따라 모양이 달라지는 '살아 있는' 건축물로 유명하다. 후안 카를로스 스페인 국왕은 '20세기 인류가 만든 최고의 건물'이란 찬사를 보냈다.

이런 유명세를 타고 개관 후 1년간 136만 명이 방문하는 등 매년 100만명 이상이 미술관을 찾고 있으며, 빌바오로 하루 1회 운행하던 항공편은 4회로 늘려야 했다. 한해 고용창출도 5,000명에 이른다. 미술관 하나가 도시 전체를 살린 것이다. 6년간 부가소득은 약 1조 1,000억원.

지방자치단체들 사이에 청사 신축 경쟁이 한창이다. 인천 옹진군청은 351억원의 예산을 들여 연건평 5,000여평의 청사를 짓고 있다. 주민수 1만4천명, 재정자립도 20.4%인 이 군청의 1년 예산은 1,000억원 남짓이다. 서울시내 25개 구청 중 재정자립도가 22위 수준인 금천구청도 700억원짜리 청사를 짓는다. 비슷한 수준의 관악구청도 815억원을 들여 10층 청사를 짓고 있다. 지난해 1,620억원을 들여 완공한 용인시 복합청사는 세종로 정부중앙청사보다 1,000평이 더 넓다. 호화 청사의 경제효과는 얼마나 될까?

　　행정자치부에 따르면 1995년 지방자치 실시 이후 청사를 신축한 54개 지자체 가운데 공무원 한명당 면적비율이 10평을 넘는 청사가 23곳이나 된다. 행자부 규정은 2.1평이다. 10평이 얼마나 넓은 공간인가? 현재 전국적으로 주거 면적이 최저기준에 못 미치는 가구는 330만이 넘는다. 부부와 자녀 2명을 기준으로 한 최저면적은 11.2평에 불과하다. 또 전체 가구의 8%인 112만 가구는 단칸방에 산다. 경제적으로나 도덕적으로 용납되기 어렵다. 이달말 지방선거에서 이런 작태에 대해 추상같은 심판이 내려지길 기대한다. 　　　　　(2006.05.08)

제6부

리더십

"국민의 마음을 움직이는 리더십"

후세 역사는 혹시 노무현 대통령을 '리더십 교사'라고 평가하지 않을지 모르겠다. 이전 대통령들과는 너무나 다르고 파격적인 노 대통령의 스타일이 국민에게는 대통령 리더십에 대한 많은 학습효과를 남겼다고 본다. 이는 그를 지지하는 사람이든, 미워하는 사람이든 마찬가지다. 노 대통령을 통해 국민들이 얻은 리더십의 교훈의 실체는 17대 대통령 선거 결과가 말해주리라.

임기가 끝나지 않은 대통령에 대한 평가는 성급하다. 당대의 평가는 역사의 평가와 얼마든지 다를 가능성이 있다. 이를 인정하더라도 임기 말이 임박한 시점에 20%대를 맴도는 지지율은 당대의 평가가 매우 부정적임을 말해준다. 무엇이 원인일까. 개인적으로는 국민을 편안하게 하지 못했기 때문이라고 생각한다. 노자는 도덕경에서 가장 편안한 세상은 백성들이 통치자의 존재를 느끼지 못하는 상태로 설명했다. 이 점에서 노대통령은 정반대의 경우였다. 임기가 끝나가는 시점까지 이슈를 제기하고 논란을 촉발시킴으로써 한시도 그의 존재를 국민들이 잊지 못하도록 만들었다.

거친 언어를 통해서, 혹은 논란 많은 정책을 통해서 끊임없이 문제를 일으키는 그의 스타일은 정국 장악력을 높이는 데는 성공했을지 몰라도, 국민들의 마음을 사는 데는 실패였다. 노 대통령이 발언할 때마다 많은 국민들은 "또 무슨 평자풍파를 일으킬까" 불안한 마음으로 지켜봐야 했다. 그의 정제되지 않은 거친 발언들은 대통령의 품격에 대한 실망을 넘어서 모욕감까지 느끼도록 했다.

리더십의 근본인 통합과 포용과는 처음부터 거리가 멀었다. 모든 세력을 포용해 국민적 에너지를 하나로 결집시켜야 함에도 반대세력을 내치고, 공격함으로써 분열과 갈등을 키운 책임이 가볍지 않다. 특히 기득권층에 대한 그의 태도는 거의 적대감에 가까웠다. 검찰과 언론, 강남 부유층, 사학등이 그런 계층이다. 노 대통령은 기득권 집단의 그릇된 행태를 가려내 비판하고 바로 잡으려 하기보다는 그 집단 전체를 매도하는 어법으로 불필요한 반발을 불렀다. 너무 많은 적을 만드는 바람에 그는 대통령으로서 국가 미래를 위해 쏟아야 할 귀중한 에너지를 자기를 방어하고 반대세력을 공격하는 소모적인 일에 허비했다.

겸손하고 낮은 자세도 지도자의 중요한 덕목이다. 동양적 미덕이 아직도 살아있는 우리의 풍토에서는 더욱 그렇다. 그러나 노 대통령은 자신을 높이고 남을 낮추는 경우가 더 많았다. 오만과 독선은 반대세력이 그를 공격할 때 가장 애용한 표현이다. 낮 뜨겁게 스스로 '세계적 대통령'을 자처하는 모습에서 그런 비난이 일리 있음을 느낀다.

노 대통령에게도 나름대로 평가할만한 훌륭한 지도자의 덕목들이 있다. 불이익을 감수하며 원칙을 고수하는 일관된 자세는 정치적 소외세력인 그가 대권까지 잡게 되는 밑거름이 됐다. 그와 함께 일해 본 관료들은 그의 지적능력에 감탄을 표한다. 한마디로 머리가 비상하다는 것이다. 한 번만 설명을 들어도 문제의 핵심을 정확히 짚어내며, 어떤 상황이든 단편적이 아니라 포괄적으로 이해하는 능력이 출중하다고 말한다. 솔직하면서도 소탈한 성격도 장점이다. 지엄하던 대통령을 이웃집 아저씨처럼 격의 없게 느끼게 하는 권위의 파괴가 가능했던 것도 그의 성격과 무관하지 않다. 에둘러 표현하지 않고 솔직하게 퍼붓는 그의 직설화법은 많은 설화(舌禍)를 낳기도 했지만 친근감을 느끼게 하는 것도 사실이다.

리더십은 마음을 움직이게 하는 일이다. 맹자는 백성을 얻는 것이 곧 천하를 얻는 것이며, 백성의 마음을 얻는 것이 백성을 얻는 것이라고 말했다. 노 대통령은 국민의 마음을 얻어 대권을 잡았지만, 그것을 지키지는 못했다.

지도자는 세상을 바꾼다. 두바이의 지도자 세이크 모하메드는 탁월한 상상력과 추진력으로 불모의 땅 두바이를 몇 년만에 디즈니랜드 같은 꿈의 신세계로 만드는 기적을 실현해가고 있다. 싱가포르의 '국부(國父)'로 불리는 리콴유는 인구 400만의 가난한 도시국가로 출발한 싱가포르를 아시아의 경제허브이자, 가장 살기좋은 나라로 변모시켰다. 한국경제의 선진국 진입 여부는 차기 대통령에 달렸다. 험란한 파도를 헤치고 목적지까지 안전하게 인도할 수 있는 유능한 선장이 나오길 기대한다.

"참여정부 코드인사"

　'코드인사'. 참여정부의 인사정책은 늘 이 한마디로 대변됐다. 대통령과 이념적 성향이 맞거나 친분이 있는 인사들만 쓰는 편협한 인사라는 부정적 의미를 담고 있다. 코드인사 논란은 정권 출범과 함께 시작됐다. 노 대통령이 처음으로 지명한 윤성식 감사원장은 코드인사 논란에 휩싸여 결국 국회 비준을 받는 데 실패했다.

　참여정부는 출범 초기 과거 정권의 지역주의 및 연고주의 인사를 극복하는 시스템 인사를 하겠다고 약속했다. 정실을 떠나 유능한 인재를 널리 발굴해서 적재적소에 배치하는 제대로 된 인사 시스템을 도입하겠다는 것이다. 중앙인사위원회를 중심으로 국가 인재관리 데이터베이스 구축 등 구체적 움직임도 있었다. 그러나 실제는 인사 따로, 제도 따로였다. 아무리 자질과 도덕성이 뛰어나도 정권의 이념과 맞지 않는 인사들은 배제되기 시작했다. 결국 인재풀은 점점 좁아지고, 대통령이 총애하는 인사들은 정부 요직을 돌아가며 맡는 회전문 인사가 성행했다. KBS 보도에 따르면 참여정부 장·차관 중 청와대 비서실과 관련 위원회 경력자가 절반에 가까운 45.7%에 달했다고 하니 이같은 지적이 크게 틀리지 않는 셈이다.

　코드인사 자체가 나쁜 것은 아니다. 대통령제 국가에서 국가경영에 대한 철학과 비전을 공유하는 인사들을 행정부에 중용하는 것은 효율적인 국정운영을 위해 필요한 일이다. 미국의 경우 대통령이 바뀌면 3,000여 개 자리가 바뀐다는 말도 있다.

　그러나 문제는 능력이나 자질, 도덕성 면에서 자격이 없는 인사들이 이 정권과 가깝다는 이유 하나만으로 정부나 산하단체 요직을 차지했다는 사실이다. 대법원에서 유죄로 확정판결을 받은 인사를 장관으로 임명하는가 하면, 경영이라고는 해본 적이 없는 정치권 인사들이 대거 공기업의 임원으로 낙하산을 타고 내려갔다.

코드인사의 문제점은 인재의 부족이다. 가뜩이나 참여정부의 인재풀이 협소한 상황에서 코드를 중요한 잣대로 추가함으로써 처음부터 인재난에 허덕일 수밖에 없었다. 더구나 자신이 직접 겪어본 사람이 아니면 잘 기용하지 않는 노무현 대통령의 낯가림은 선택의 폭을 더욱 좁게 했다.

어느 정권이든 임기 말이 되면 인사질서가 문란해지고, 상식을 벗어나는 파행적 인사가 노골화하는 경향이 있다. 정권을 내놓기 전에 챙겨줘야 할 사람들이 너무 많고, 그들 역시 막차를 타기 위해 필사적으로 매달리다 보면 무리한 인사를 남발하게 된다. 아무리 팔이 안으로 굽더라도 최소한의 원칙은 지키려는 마지막 절제마저 무너진다.

코드인사와 함께 참여정부 인사를 이해할 수 있게 하는 또 다른 키워드는 부산이라는 지역이다. 대통령이 이 지역 출신이라는 연고가 작용한 탓인지 정부 요직과 공기업, 금융기관장 인사에서는 부산 출신의 득세가 두드러진다. 이런 연고주의 인사는 코드인사보다 더 명분이 없다. 지역주의 청산을 결코 양보할 수 없는 정치적 가치로 내걸고, 열린우리당의 분열을 지역주의 회귀로 질타해온 노무현 대통령의 말과는 거리가 멀다.

관료들의 낙하산 인사도 과거와 크게 다르지 않다. 그래도 참여정부 초기에는 이런 관행을 바꿔보려는 노력이 있었다. 대표적인 사례가 3년전 황영기 우리금융그룹 회장 인사였다. 정부가 주주로 있는 은행인 만큼 당연히 모피아, 즉 재무관료 출신이 갈 자리였지만 개혁 의지가 반영돼 민간 CEO(최고경영자) 출신에게 자리가 돌아갔다. 탈(脫) 관치(官治)금융의 신호라는 호평도 받았다. 그러나 황회장은 이런 저런 이유로 정부에 밉보이더니 누구나 인정하는 경영 성적표에도 불구하고 연임에 실패했다. 그 자리는 다시 관료 출신이 차지했다.

관료의 낙하산 인사는 여전히 민간 위에 군림하는 관의 변치 않는 영향력의 산물이다. 공기업에서 민간 출신보다 관료를 선호하는 까닭도 여기에 있다. 결국 참여정부는 인사정책에서 과거의 유산을 극복하지 못하고, 또 하나의 부정적인 관행을 만들어냈다는 비판을 피하기 어렵다.

깜박이도 켜지 않은 난폭운전

앞에 가던 차량이 좌회전 깜박이를 켜고 갑자기 우회전을 한다면 뒤따르던 차량들은 혼란에 빠져 사고를 내기 십상이다. 좌파 세력들이 참여정부의 우파적 정책을 비난할 때 자주 드는 비유다. 그러나 우파가 보기에는 반대로 깜박이는 오른쪽을 가리키면서 실제는 좌회전을 하는 게 문제다. 좌와 우 모두로부터 비난을 받거나 배척을 당하는 애매한 정체성은 참여정부의 운신을 제약하는 족쇄가 되곤 했다.

'좌파 신자유주의'라는 기이한 조어는 노무현 대통령이 정체성에 대한 비난을 반박하기 위해 만들어낸 말이다. 시대착오적인 이념의 틀에 얽매이지 않고 현실 문제를 해결할 수 있는 열쇠라면 좌우를 가리지 말아야 한다는 용어의 취지는 납득할 만하다.

사실 이런 실용주의적인 접근이 바로 제3의 길이며, 검은 고양이든 흰 고양이든 쥐만 잘 잡으면 된다는 실사구시(實事求是)의 자세다. 다만 두 마리 토끼를 잡기 위해서는 고도의 유연성과 포용력이 전제가 돼야 하지만 참여정부는 오히려 반대로 나갔다. 개혁과 현실 사이에서 방황하며 아무런 문제해결 능력도 보여주지 못했고, 중도적 통합에도 실패했다.

자주를 내세우며 미국과 동맹관계에 균열을 가져왔지만, 동시에 이라크 파병 및 한미자유 무역협정(FTA) 같은 친미적 정책으로 진보, 보수 양쪽에서 모두 공격을 받았다. 기업정책이나 부동산정책, 노동정책 등에서도 개혁과 실용 사이를 오락가락했다.

정체성의 충돌로 우왕좌왕하기는 집권당인 열린우리당도 마찬가지다. 정부가 어렵사리 마련한 출자총액제한제도 개선안이 여당의 거부로 원점으로 돌아간 사례가 대표적이다. 이른바 당내 '개혁파' 의원들은 이미 논의가 끝난 환상형 순환출제 규제 도입을 강력히 요구하며 출총제 논의를 다시 원점으로 돌렸다. 정부안보다 규제를 더 완화해야 한다는 주장이 대세를 이뤘던 1차 당정회의 분위기와는 전혀 다른 결과다. 이렇게 며칠 사이에도 냉탕과 온탕을 오가듯 입장이 바뀌니 정책 방향에 대한 예측 자체가 무의미한 일이다.

사학법등 주요 현안마다 실용적 주장과 개혁을 앞세우는 주장이 충돌하는 사례는 하나둘이 아니다. 두 세력의 대립은 서로 끌어당기는 인력과 밀어내려는 척력처럼 작용해 여당을 정책적 마비상태로 빠뜨리곤 했다.

지난 여름 '빅딜'을 외치며 경제 살리기에 올인했던 김근태 당의장의 자세 변화도 당혹스럽다. 그는 대한상의를 찾아가 경제계의 제안을 '통 크게' 받아들여 출총제 폐지를 추진하겠다는 의사를 밝혔지만 지금은 반대편의 손을 들어주고 있다. "기업이 안심하고 투자할 수 있도록 멍석을 깔고 제도적 장치를 개선할 테니 멍석 위에서 마음껏 춤을 춰 달라"고 당부하던 모습은 사라졌다. 정부의 부동산 공급확대 정책에 대해서도 "부동산정책을 경기부양 수단으로 생각하는 경제 관료들이 있는 것 같다"고 부정적 자세를 보였다. 그의 돌변이 내년 대선 때문인지, 아니면 다른 무엇 때문인지 알 수는 없지만 공인으로서 신뢰에는 심각한 흠집이 생겼다.

경제정책은 선택의 문제다. 정책마다 긍정적 효과 못지않게 부작용도 뒤따르기 마련이다. 정부나 당에서 다양한 목소리가 나오고 활발한 논쟁이 벌어지는 것은 바람직한 일이다. 그러나 정책이 결정된 뒤에는 일관성이 있어야 한다. 청와대 따로, 정부 따로, 여당 따로 우왕좌왕한다면 국민은 어느 장단에 맞춰 춤을 춰야 하는가.

깜박이도 켜지 않은 채 멋대로 방향을 바꾸는 난폭운전은 위험하고 부작용이 크다. 목적지에 가까이 갈수록 조심을 하듯이 정권 말기 레임덕 상황일수록 안정적인 국정관리가 필요하다. 초보운전, 미숙운전은 그나마 참아줄 수 있지만 난폭운전으로 큰 사고를 내서는 곤란하다.

(2006.11.28)

정책 실패 아닌 국가적 범죄

‘바다이야기’ 파문을 지켜보면서 ‘국가란 무엇인가’라는 질문을 던지게 된다. 온 나라가 도박장으로 바뀌는 과정에서 정부의 대응방식이 국가 기능에 대한 근본적인 회의를 갖게 할 만큼 어처구니없고 한심스러워서다.

경제학의 창시자 애덤 스미스는 국가의 의무를 세 가지로 규정했다. 첫째는 외부의 폭력과 침입으로부터 사회를 지키는 것이고, 둘째는 사회 내의 불의와 압제로부터 구성원들을 보호하는 일이다. 나머지 하나는 특정 개인이나 소수 집단의 이익에 얽매여 국부를 허비하지 않게 공공제도를 운영할 의무이다.

이 논리에 따른다면 참여정부는 세 번째 의무를 포기했다. 사행성 게임업자와 상품권 발행업자 등 도박산업 관계자들의 이익을 대변해 나라를 도박 천국으로 만들고, 서민들의 주머니를 털었기 때문이다.

사행성 게임산업이 폭발하기 시작한 시기는 문화관광부가 경품용 상품권 발행을 허용한 2002년 2월경부터다. 이어 2004년 12월 ‘바다이야기’가 영상물등급위원회를 통과하고, 경품용 상품권에 대한 인증제가 도입되면서 4,000억원 규모에 머물던 상품권 시장이 30조원 규모의 ‘괴물’로 변신했다. 정부가 팔을 걷어붙이고 도박산업을 키운 배경이 무엇인지가 이번 파문의 핵심이자 최대 의혹이다. 게임산업 육성이라는 탈을 썼지만 실은 업자들의 로비와 정치권력의 청탁 때문이라는 사실이 조금씩 드러나고 있으나 전모가 밝혀지려면 아직 멀었다.

도박업계는 정부 조치 덕분에 앉아서 수천억원을 버는 대박을 터트렸지만 피해는 고스란히 서민에게 돌아갔다. 바다이야기는 이용자의 47%가 월평균 소득 200만원 이하 서민이라고 한다. 정부가 어려운 서민들의 호주머니를 털어서 도박산업 관계자들의 배만 불려준 셈이다.

이번 파문은 ‘정책의 실패’가 아니라 ‘국가적 범죄’라고 규정되어야 한다. 선의를 가지고 정책을 추진하는 과정에서 빚어진 실수가 아니다. 정부는 사행성 게임이 사실상 도박이라는 사실과 경품용 상품권을 허용할 경우 벌어질 사태를 충분히 알고 있었다. 설사 허가 당시에는 몰랐다 하더라도 전국 1만5,000개 성인오락장에서 매일 도박판이 벌어지고 있는데 이를 모를 수는 없다. 그런데도 정부는 아무런 조치를 하지 않았다. 고의성이 다분히 느껴진다. 범죄 차원에서 다뤄야 할 이유가 충분하다. 앞으로 검찰 수사에서 실정법적으로 어떻게 처리할지는 지켜봐야겠지만 역사의 법정에서는 국가의 범죄라는 단죄를 피하지 못할 것이다.

이 범죄의 피의자는 문화관광부뿐이 아니다. 경찰은 공개된 장소에서 버젓이 도박판이 벌어지고 있는데도 2~3년이 지나도록 눈을 감고 있었다. 단속 규정이 없다는 탓만 했다. 일부 경찰들은 업주를 비호해 주고 뇌물을 챙기는 짭짤한 수입원으로 활용했다. "지금까지 우리 돈을 뜯어간 공무원 10명씩을 안고 자폭해버리자"는 업자들의 협박이 나올 정도다.

감사원은 지난해 5월 흥사단으로부터 '상품권 인증과정 부정 및 부조리 의혹'과 이 과정에서의 외압을 규명해 달라는 국민감사청구를 받고도 즉각 조치를 취하지 않았다. 정부를 질타하는 국회의원들 역시 큰소리칠 형편이 아니다. 국회 문화관광위원회는 지난해 4월 열린우리당 강혜숙 의원이 발의한 경품용 상품권 폐지 법안을 검토도 하지 않고 자동 폐기시켰다. 엄격한 잣대를 들이대면 모두 형법상 직무유기에 해당한다. 문화관광부는 상품권이 떼돈을 벌자 지난해 8월부터 수수료를 부과해 지금까지 146억원을 기금으로 확보했다. 불법 도박장을 개설한 주인이 판 돈의 일부를 자리세로 챙기는 것과 다를 바 없는 파렴치한 짓이다.

이번 파문은 참여정부에게 '도박공화국'이라는 치욕스러운 낙인을 남길 것이다. 서민을 위한다는 정부가 도박판을 벌여 수많은 서민들을 절망 속으로 몰아넣었다는 불명예를 지우기 어렵다. 그리고 사회 감시자로서 언론도 이 문제를 고발하고 파헤치는 노력이 사안의 중대성만큼 충분하지 못했음을 반성한다.　　　　　　　　　　　(2006.08.26)

🖊 원자바오와 저우언라이

　　중국 전국시대의 정치가이자 시인인 굴원(屈原)은 유명한 자전적 서사시 '이소(離騷)'로 우리에게도 친숙하다. 초(楚) 회왕(懷王)의 측근이었던 그는 높은 학식에 탁월한 외교력까지 겸비해 진(秦)의 위협으로부터 나라를 지켜냈으나, 조정 중신들의 모략으로 실각한 뒤 방랑하다가 멱라수에 투신자살했다. '이소'는 자신의 불운한 삶과 부조리한 현실, 펼치지 못한 큰뜻을 담아낸 작품으로 뜨거운 감정표현과 몽환적 묘사가 뛰어나 초사(楚辭)문학의 걸작으로 꼽힌다. 굴원에 대한 후세의 안타까운 동정은 중국 단오절의 기원이 되기도 했다.

　　"긴 한숨으로 눈물을 가리는 것은 백성들의 고생이 애처롭기 때문(長太息以掩涕兮 哀民生之多艱)" 원자바오(溫家寶) 중국총리가 최근 기자회견에서 "잠들기 전에 무슨 책을 읽으며 어떤 문제로 잠 못 이루는가"라는 질문을 받자 대답을 대신해 읊은 '이소'의 한 구절이다. 원 총리는 시를 읊으며 눈물을 글썽이는 모습을 보여 중국인들을 감동시켰다.

　　사전 질문에 대한 '준비된 답변'이었음에도 감동이 훼손되지 않는 것은 인민과 희로애락을 같이 해온 그의 진실성이 이미 인정받고 있기 때문이다. 그는 '친민총리' '원오빠(溫哥)'라는 별명을 얻을 정도로 국민들의 인기가 높다.

　　중국역사를 돌아보면 황제나 왕보다 재상이 실질적으로 나라를 통치했던 경우가 많다. 삼국지의 유비와 제갈량의 관계가 대표적인 예라 하겠다. 중국 현대사에서도 공산주의 중국의 실질적인 건설자는 마오쩌둥(毛澤東)이 아닌 저우언라이(周恩來)라고 보는 시각이 있다.

　　그는 대장정 시절 자신보다 신분이 낮은 마오를 최고지도자로 추천하고, 그 밑에서 무려 26년 3개월 동안 총리로 재직하면서 현대 중국의 초석을 다졌다. 그는 1963년 북한학자들을 만난 자리에서 지금의 동북공정에 해당하는 중국학자들의 역사 왜곡을 사과하면서 고조선, 고구려, 발해를 한국의 역사로 인정한 양심적 지식인이기도 했다.

올해 중국의 2분기 GDP 증가율은 11.3%에 달해 11년 만에 최고치를 기록했다. 3년 연속 10%가 넘는 고속성장이다. 물론 눈부신 고도성장의 이면에는 심화되는 빈부격차와 지역간 개발격차, 관료들의 부패 같은 문제점들이 산적해 있고, 내부 불만과 갈등은 더 높아지는 것도 사실이다.

국민의 존경과 사랑을 받는 원자바오나 저우언라이 같은 정치인의 존재는 어려운 현실 속에서 중국인들에게 커다란 정신적 위안이 되어 왔다. 우리에게는 어떤 지도자가 그런 역할을 하고 있을까.

(2006.09.10)

'승부사 노무현'

"2002년 대선 때 이회창 후보가 경제성장률 6%를 내놓길래 저도 약 올라서 7%로 올려 내놓았습니다. 그런데 7%는커녕 지난해 3.1%, 올해 5%에 그쳤으니 매를 맞아도 싸죠."

2004년 11월 남미 순방에 나선 노무현 대통령은 아르헨티나에 도착, 동포간담회를 하는 자리에서 자신이 대선공약으로 제시한 임기내 7% 성장의 숨은 배경을 이렇게 털어놓았다. 노대통령 특유의 솔직한 화법에 장내는 웃음바다가 됐지만 지구 반대편에서 이 소식을 접한 국민들은 허탈함에 쓴웃음을 지을 수밖에 없었다.

국가경제 운영의 기본목표나 다름없는 국내총생산(GDP) 성장률이 엿장수가 엿 자르듯 상대 후보 성장률에 1%를 얹어서 만든 것이라는 고백은 아무리 정치인의 말이라 해도 너무 실망스러운 것이었다. 노대통령은 후에 성장률 목표치를 6%로 낮추었지만 임기 후반에 이른 지금까지 한해도 약속을 지키지 못했다.

즉흥적이라는 수식어는 노대통령의 행태를 비난할 때 가장 많이 등장하는 어휘가 돼버렸다. 사례를 들자 해도 너무나 많다. 지난해 7월 노대통령이 청와대 홈페이지에 올린 글을 통해 돌출된 대연정 구상은 여름 내내 정치권에 평지풍파만 야기한 채 신기루처럼 사라져버렸다.

노대통령은 "4·30 재·보선으로 여당의 과반수가 무너졌을 때부터 준비했던 논리"라며 "발표 시점을 놓고 고심하다가 종합주가지수가 1,000포인트를 넘어 안정되는 것을 보고 정치 개혁 좀 해야겠다고 생각했다"고 배경설명을 했다. 주가지수가 대연정 구상 발표시기에 영향을 주었다는 대목이 보통 사람으로서는 잘 납득되지 않았다.

올해 초에는 양극화 해소를 위한 증세 문제를 꺼냈다가 반대여론이 비등하자 "국민이 원하지 않는 일은 할 수 없는 것"이라며 없던 일로 돌렸다. 대통령의 문제 제기가 "안 되면 말고 식이냐"는 또 다른 비난이 이어졌다.

　지나간 이야기를 다시 꺼내는 이유는 온 나라를 들끓게 하는 한미 자유무역협정(FTA) 협상의 성사 여부가 대통령에 대한 국민적 신뢰에 좌우되는 결정적 국면이 전개되고 있기 때문이다. 한미 FTA가 졸속으로 추진되고 있다는 비난은 반대 논리의 가장 앞부분에 나오는 주장이다.

　이 구상이 1월 18일 대통령 신년연설에서 처음으로 제기됐고, 이어 2월 3일 공청회 무산과 함께 협상개시가 선언됐다는 점에서 졸속이라는 지적은 틀린 말이 아니다. 한·칠레 FTA 체결에도 3년 이상이 걸렸는데, 그보다 몇십배 몇백배 중요한 한미 FTA를 어떻게 1년내에 체결하려 하느냐는 비판도 마찬가지다.

　그렇다면 이제는 노대통령이 직접 나서 국민의 의구심을 해소하고 설득을 시켜야 할 시점이다. 그런데도 대통령은 청와대 회의석상에서 "소신과 양심에 따라 결단을 내린 것"이라고 간단히 언급했을 뿐이다. 반대세력이 제기한 '4대 선결과제'에 대해서는 양보는 부인했지만 '반대세력의 인식'은 인정한다고 밝혀 반대세력의 기세를 돋우게 했다.

　한미 FTA를 지지하는 측에서는 이러한 대통령의 태도가 불신의 불씨를 키워가고 있다. 점점 거세지는 반대 움직임에 불안감을 느끼며 결국에는 또 "국민이 원하지 않으면 할 수 없는 것"이라며 손을 떼지 않을까 걱정하고 있다. 극단적인 보수세력에서는 이 모두가 반미세력을 결집하려는 사전 각본에 따른 것이라는 음모론까지 거론하는 상황이다.

　정부가 최근 물러난 경제부총리를 다시 끌어들여 한미 FTA체결지원위원회를 구성하고, 전 부처가 나서 홍보공세를 펴기 시작한 것은 여론이 그만큼 심상치 않게 돌아가고 있다는 방증이다. 민심의 흐름을 바꾸려면 이런 노력도 필요하겠지만 대통령이 직접 나서 확실한 믿음을 심어주어야 한다.

　이 협상이 갖는 국가적 의미에서나, 대통령 자신이 제일 먼저 한미 FTA의 깃발을 올렸다는 사실에서도 더욱 그렇다. 승부사라는 별명에 맞게 대통령이 직접 대국민 설득에 나서 승부를 걸어야 할 시점이다. 국민들이 불확실한 미래에 발을 내딛게 하기 위해서는 지도자의 확신에 찬 리더십이 유일한 해법이기 때문이다.　　　　　(2006.07.26)

제7 부

기업과 기업인

❝ 기업이 국가경쟁력 ❞

"역사상 어떤 나라도 한국이 두 세대 동안 겪은 것보다 더 빠르고, 더 철저한 변화를 겪지는 않았다. 앞으로 20여년 동안도 한국이 변하는 만큼 빨리, 그리고 철저히 변하는 나라는 없을 것이다."

2005년 세상을 떠난 경영학의 거두 피터 드러커는 저서 '넥스트 소사이어티(Next Society)'에서 한국을 기업가 정신이 가장 충만된 나라로 지목했다. 불모의 땅에서 반도체·자동차·철강·조선 분야에서 세계적 기업을 일궈낸 도전적 기업가 정신이 있기에 미래를 낙관한다고 말했다.

기업의 경쟁력이 바로 국가경쟁력인 시대다. 삼성전자 같은 기업이 5개만 더 있으면 한국의 경제 규모는 배로 늘어날 수 있다. 외국을 다니다 보면 한국이라는 나라는 몰라도 삼성, LG, 현대차의 이름은 아는 외국인들을 많이 볼 수 있다. 현대의 자동차와 삼성의 휴대폰은 움직이는 외교관 역할을 한다.

그러나 한국을 대표하는 글로벌 기업의 숫자는 아직 미약하다. 미국의 경제잡지 <포천>이 선정하는 글로벌 500대 기업에 들어가는 한국 기업은 12개로 중국(20개)보다도 적다. 한국의 10대그룹 자산을 모두 합해도 미국의 글로벌기업 GE를 따라가지 못한다.

한국경제의 기적을 만들어낸 기업가 정신이 사라지고 있다는 우려의 목소리가 커진다. 모든 주위 사람의 반대에도 불구하고 사운을 걸고 반도체 사업에 투자한 이병철 삼성그룹 창업주. 조선시설을 갖추지도 않은 채 500원짜리 돈에 그려진 거북선으로 영국 선주를 설득해 선박을 수주한 정주영 전 현대그룹 회장. 이제는 그같은 신화적 모험담을 더 이상 찾아보기 힘들다.

특히 외환위기를 계기로 대기업의 확장을 부정적으로 보는 분위기가 확산되고, 매출확대보다는 수익성 위주의 경영으로 바뀌면서 위험기피 현상은 두드러진다. 사업으로 돈을 벌더라도 새로운 성장동력이 될 신사업을 찾기보다는 내부에 현금으로 쌓아두거나, 주주에게 배당을 하는 방식을 선택한다. 이러한 위험기피 현상은 저조한 설비투자 실적에서 확연히 드러난다. 1990~97년 평균 9.6%에 이르던 설비투자 증가율이 1998~2005년 4.3%로 떨어졌다.

이성태 한국은행 총재는 2006년 여름 기업인을 대상으로 한 연설에서 '야성적 충동(animal spirit)'을 주문했다. 미국의 경제학자 케인스가 기업가의 직감을 '야성적 충동'이라고 표현한 것을 인용, 기업들이 불확실한 미래에도 불구하고 위험을 감수하는 적극적인 투자에 나서야 한다고 당부한 것이다.

한국 기업의 역동성이 쇠퇴하고 있다는 증거를 새로운 대기업이 등장하지 않는 사실에서 찾는 전문가들도 있다. 지난 30년간 미국에서는 상위 10대 기업이 쉴새없이 바뀌었다. 자기집 창고에서 출발해 불과 10년만에 미국 최고의 기업에 오른 마이크로소프트의 성공사례가 대표적이다. 그러나 한국에서는 지난 30년간 중소기업에서 재벌로 도약한 성공신화가 하나도 없다. 유일한 사례가 영업사원으로 출발해 세계적 휴대폰 회사를 일궈낸 팬텍그룹의 박병엽 신화였으나, 안타깝게도 워크아웃 기업으로 전락했다.

투자 의욕과 창업 열기도 식고 있다. 2006년 서울, 부산 등 7대 도시의 신설법인 수는 2만8천개에 불과했다. 정보기술(IT) 벤처 창업이 활발했던 2000~2002년 창업 기업 수가 3만 5,000개 안팎을 유지했던 것과 좋은 대조를 이룬다.

그림 ┃ 8

창업하기 좋은 나라 순위

국가별	창업 용이도 순위	창업단계 수	창업 소요기간
캐나다	1위	3단계	3일
호주	2위	2단계	2일
독일	47위	9단계	24일
일본	81위	11단계	31일
한국	97위	12단계	22일

〈자료 : **월드뱅크**〉

역동적 기업과 모험적 기업가 정신의 퇴조를 기업 탓으로만 돌릴 수는 없다. 기업가들이 마음껏 의지를 펼칠 수 있는 환경을 조성하고, 맨손으로도 대기업을 일굴 수 있는 역동적 기업 생태계를 조성하는 책임은 정부에게 있다. 경제전쟁의 최일선에서 싸우는 기업들에게 국가적 지원을 아끼지 말아야 한다.

" 영원한 승자도 패자도 없다 "

20년 전인 1987년 취재를 위해 처음으로 미국 땅, 그 중에서도 뉴욕 맨해튼에 도착했을 때 나를 놀라게 한 것은 하늘을 뒤덮은 마천루 빌딩숲이 아니었다. 타임스퀘어 일대 곳곳에 걸려 있는 일본 소니사의 거대한 광고판과 전자상점 진열대를 가득 채우고 있는 '워크맨' 카세트의 물결이었다. 도로에는 작지만 세련되고 튼튼해 보이는 일제차들이 크고 둔해 보이는 미국산 자동차들을 압도하고 있었다.

일본의 물결은 제품뿐만이 아니었다. 미국 자본주의의 상징이자 자존심으로 통하는 엠파이어스테이트빌딩, 록펠러센터 등 맨해튼의 고층빌딩들이 속속 일본인 소유로 바뀌었다. 막대한 무역 흑자로 달러가 넘쳐나던 일본은 미국의 주요 부동산을 닥치는대로 사들였다. 미 언론들은 "일본의 침공(Japan Invasion)이 시작됐다"며 노골적인 반감을 드러냈다. 세계경제는 일본의 손에 넘어가고, 일본 기업들은 난공불락처럼 느껴졌다.

1990년대 들어 일본의 부동산 거품이 붕괴하면서 상황은 역전되었다. 일본은 장기 불황에 빠져든 반면, 80년대 혹독한 구조조정을 거치며 경쟁력을 회복한 미국이 이제는 반대로 일본 부동산 사냥에 나섰다. 미국계 투자은행들은 부동산 거품 붕괴로 최고가 대비 20~30% 수준까지 떨어진 전국의 골프장들을 헐값으로 싹쓸이했다. 론스타는 95개 골프장을 보유한 일본의 최대 업체로 부상했고, 골드만삭스도 78개 골프장을 손에 넣었다.

2006년 이후 일본 경제가 다시 살아날 조짐을 보이면서 골프장

가격은 다시 치솟고 있다. 론스타와 골드만삭스는 골프장 투자를 통해서만 2,000억엔 이상의 평가차익을 거뒀다는 분석도 있다.

경영학의 거두로 꼽히는 마이클 포터 하버드 경영대학 교수는 2001년 일본경제의 성공과 좌절 원인을 실증적 연구조사를 통해 분석한 저서(일본은 경쟁할 수 있나 - Can Japan Compete?)를 내놓았다. 1990년초부터 10년간의 연구결과를 정리한 이 책에서 포터교수는 일본경제가 장기불황의 늪에 빠진 채 벗어나지 못하는 이유를 '경쟁의 결핍'에서 찾았고, 그 책임은 과도하게 시장에 개입해온 일본 정부에 있다고 결론지었다. 이제까지 일본경제 신화의 주역이라고 칭송받던 관료자본주의가 기실은 경제를 망친 장본인이라는 해석이다. 한 때 'Japan as No.1'이라며 경외의 눈으로 일본을 바라보던 미국이 이제는 일본의 장래를 걱정하는 상황반전이 역설적이다.

그러나 이제 그 상황이 또다시 바뀔 조짐이다. 일본이 장기불황의 터널을 빠져나와 부활하고 있기 때문이다. 마이너스 성장에서 벗어나 2002년 1월부터 전후 최장기 경기호황을 이어가고 있다. 도요타자동차는 70년 아성의 미국 GM을 제치고 자동차 판매 세계 1위로 등극했다. 2007년 4월에는 1975년 이후 32년만에 국가 신용등급도 한단계 상향 조정됐다. 생산과 투자, 수출이 동시에 증가하면서 성장에 가속도가 붙고 그 덕에 고용과 소득이 늘어나는 선순환 현상이 완연하다. 경기 회복은 심지어 결혼과 출산 증가로까지 이어져 "아기 울음소리가 다시 들리기 시작했다"는 신문 기사도 등장했다.

일본경제의 부활은 저금리와 엔저라는 유리한 거시환경에 힘입었지만, 근본적으로는 정부와 기업의 꾸준한 구조조정의 결실이다.

기업은 종업원 수를 줄이고, 임금 인상을 자제했다. 정부 역시 작은 정부를 표방하며 공적 지출과 공무원 조직을 과감히 축소했다. 경기를 살리기 위해 재정을 쏟아 붓던 과거 정책의 실패를 거울삼아 규제 완화로 방향을 틀었다. 우리의 수도권 규제와 비슷한 '공장제한법'과 '공장재배치촉진법'을 없앴으며, 출자총액제한제도와 유사한 '대규모 회사의 주식보유 총액제한제도'도 철폐했다. 지난 15년 동안 규제 완화로 얻은 경제적 효과가 18조 3,000억엔(146조원)에 달한다고 한다. 경제를 살리는 데는 정부가 아니라 시장이 더 효과적이라는 믿음을 가지고 일관된 정책을 추진한 결과다.

2006년 뉴욕을 다시 방문했을 때 맨해튼 거리는 소니 대신 삼성의 로고와 애니콜 휴대폰이 광고판과 상품진열장을 채우고 있었다. 삼성전자는 2006년 상반기 20.2%의 미국 시장 디지털 TV 시장점유율을 기록, 19.6%를 기록한 소니를 추월했다. 삼성전자는 매출액(80조 6,300억원)과 영업이익(7조 5,600억원)에서 모두 소니(매출 59조 800억원, 영업이익 1조 5,300억원) 따돌렸다. 그러나 소니가 그랬듯이 20년 뒤에도 삼성이 맨해튼 거리를 지킨다고 누구도 장담 못한다.

다이어트를 통해 살을 빼본 경험이 있는 사람이라면 음식이나 운동을 통해 부단히 자기관리를 하지 않을 경우 얼마나 쉽게 다시 살이 붙는지를 절감한다. 국가나 기업도 마찬가지다. 끊임없는 자기혁신과 창조적 파괴가 없다면 오늘의 승자가 내일의 패자가 될 수 있다. "10년 뒤 무엇으로 먹고 살지를 생각하면 밤잠이 오지 않는다."는 어느 재벌총수의 말이 결코 엄살로 들리지 않는 이유다.

"중소기업이 살아야 경제가 산다"

"고용의 86.7%, 생산의 51.6%, 수출의 42.2%" 중소기업이 국민경제에서 차지하는 비중은 이 수치가 보여주듯 절대적이다. 중소기업의 문제가 한국경제의 문제이며, 중소기업의 살길이 한국경제의 살길이다. 몇몇 대기업들이 글로벌 스타로서 화려한 조명을 받는 이면에는 구조적 취약성을 극복하지 못하고 있는 낙후된 중소기업이 있다.

중소기업의 경쟁력은 오히려 후퇴하는 추세다. 노동생산성은 계속 저하돼 대기업의 3분의 1 수준에 머물고, 임금 수준은 대기업의 3분의 2에 불과하다. 취약한 기술경쟁력에 만성적 구인난, 대기업과의 협력적 관계 부재라는 구조적 악순환이 중소기업을 옥죄고 있다. 국내 벤처기업 성공의 대표사례로 꼽히는 안철수연구소의 안철수 전 사장조차도 "국내에서는 벤처기업이 제대로 성장하기 위한 토대가 갖춰져 있지 않다"고 말할 정도다. 그는 "미래를 책임질 중소벤처기업이 자리를 잘 잡아야 하는데 우리 경제구조는 대기업 위주로만 포트폴리오가 짜여져 있다"며 "대기업들과 중소 벤처기업들 사이에 빈번하게 형성되고 있는 불공정한 거래 관행이 벤처기업 성장에 가장 큰 문제"라고 지적했다. 중소기업을 동반자가 아니라 하청업체 정도로 여기고, 경영사정이 어려워지면 먼저 납품 단가부터 깎고 보는 것이 대기업들의 관행이다.

이러한 악조건을 극복하기 위해서는 정부의 정책적 배려도 필요하지만, 기업 스스로 차별적 경쟁력을 확보하는 것이 최선의 해결책이다. 이미 중소기업의 경쟁 무대도 국내가 아니라 세계로 변했다. 국내 중소기업의 경쟁자는 더 이상 국내에 있지 않다. 중국, 베트남, 멕시코 등 세계 각국에 산재한 기업들과 무한경쟁을 해야 한다. 경쟁력만 있으면 태국의 안마사들이 서울 한복판에 들어와 영업을 하는 시대다. 세계가 하나의 시장으로 통합되는 세계화는 중소기업에게 위기가 될 수도 있지만, 기회도 된다. 기술력 하나만으로 세계시장에서 최고 기업의 대우를 받는 중소기업들은 의외로 많다. 과거에는 이런 업체들은 모두 제조업이었으나 최근에는 서비스업에서도 성공사례가 이어지고 있다.

1995년 창업해 불과 12여년 만에 세계 주요 대륙에 프랜차이즈 네트워크를 구축해가고 있는 치킨전문업체 제너시스BBQ의 성공사례는 중소기업 세계화의 모델이 될 만하다. 이 회사는 창업 4년 만에 1,000호 가맹점을 열면서 국내 최대 프랜차이즈 기업으로 정상을 정복했다. 그러나 창업자 윤홍근 회장은 거기에 안주하지 않고 2003년 중국에 진출하며 세계화의 길로 나섰다. "중소 치킨체인점이 무슨 세계화냐"고 주위에서는 비아냥댔지만, BBQ는 중국에 이어 스페인, 베트남, 몽골, 일본으로 차근차근 무대를 넓혀갔다. 그 결과 2007년 6월 현재 동남아 10개국을 비롯, 중남미 13개국, 중동 2개국, 미국, 호주등 31개국에 진출하는 쾌거를 이뤘다. 제너시스 BBQ의 해외 체인점은 직영이 아니라 본사에서 현지 운영업체에 사업 노하우를 전수하고, 대신 계약금과 러닝 로열티를 받는 마스터프랜차이즈 방식이다. 국가별로 약 20만달러의 계약금을, 한 점포 추가시 5,000달러의 이니셜로열티와 총 매출액의 3.5%의 러닝로열티를 받는다. 그런데도 전세계에서 마스터프랜차이즈 요청이 쇄도한다는 사실은 브랜드가치와 노하우를 세계가 인정했다는 점에서 우리 기업사에 남을 일이다. 이처럼 누구도 생각하지 못하는 사업, 모두들 불가능하다고 여기는 목표에 과감히 도전해 신화를 만들어내는 기업가 정신이야말로 한국경제의 힘이다.

성경에서 소년목동 다윗은 자신보다 몇 배 큰 거인 장수 골리앗을 돌팔매질로 쓰러뜨리고 전쟁을 승리로 이끈다. 그는 이스라엘 병사들이 골리앗의 큰 덩치와 기세에 눌려 떨고 있는 상황에서 왕이 준 갑옷과 투구까지 사양하며 맨몸으로 맞선다. 두려움을 모르는 자신감과 필살기 돌팔매질이 승리의 원천이다. 중소기업들이 대기업과 당당히 경쟁할 수 있는 원동력은 그러한 자신감과 핵심 경쟁력이다.

🖊 전경련 회장

5.16 쿠데타로 정권을 잡은 박정희 군사정부는 내로라하는 기업인 모두를 부정축재자로 구금하고, 전재산을 헌납한다는 각서까지 받았다. 일본에 머무는 바람에 화를 피한 삼성의 이병철 회장은 군부의 종용으로 마지못해 귀국하면서 감옥행을 각오했다. 그러나 그를 기다린 것은 박정희와의 독대였다. 이 회장은 군사정부의 성패는 경제부흥에 달렸고, 그러려면 부정축재자로 몰린 기업인이 앞장서야 한다고 설득했다. 기업인은 풀려났고, 이 회장은 약속대로 기업인 모임을 결성해 박정권의 경제개발 드라이브에 전위대로 나서게 된다. 이 단체가 오늘날의 전국경제인연합회다.

‘재계의 총수’라는 별칭이 말해주듯 전경련 회장은 국내 대기업과 기업인을 대표하는 영광된 자리다. 동아제약 출신의 강신호 회장이 맡게 되자 ‘제약업계의 영광’이란 말이 나올 정도였다. 수시로 대통령과 장관들을 만날 수 있기에 과거에는 은밀한 특혜를 받거나 기업의 보호막으로 활용가치도 높았다. 동시에 가시방석 같은 자리이기도 하다. 재계를 대변해 정부와 각을 세우다 보면 뜻하지 않은 화를 입기도 한다. 소신이 강했던 최종현 회장은 정부를 공격하다가 세무조사까지 받았다. 새 정권에서 재벌개혁의 구호가 드높아지면 1차 타깃이 된다.

12명의 역대 회장 가운데 가장 장수한 이는 1977년부터 임기 2년을 5번 연임한 정주영 회장이었다. 이 시기는 여의도에 회관을 짓고, 내부 조직도 체계화하는 등 전경련의 전성기였다. 정 회장은 신군부의 서슬이 퍼렇던 1980년대말 기업 통폐합 움직임에 “사회주의 국가에서나 가능한 일”이라고 공개비판할 만큼 뚝심이 대단했다. 1998년까지 5년간 재임한 최종현 회장은 경제 전반에 대한 활발한 연구와 대안 제시를 통해 전경련을 정상궤도에 올렸다는 평가를 받는다. 그는 1997년 폐암수술을 받고도 타계 직전까지 회의를 주재할 정도로 애착이 남달랐다.

강신호 회장의 연임 포기로 회장 자리가 다시 비었다. ‘재벌 총수들의 사교클럽'이라는 비아냥이 나올 정도로 전경련의 위상이 추락한 상황에서 과연 어떤 회장이 등장할지 관심이 뜨겁다. 명예 못지않은 위험과 자기희생이 따르기에 내심은 끌려도 선뜻 나서기 어려운 자리다. 나라의 운명이 이제는 정부가 아니라 기업에 달려 있다고 본다면, 이번 회장 선출은 대통령 선거만큼이나 중요할 수 있다. 기업의 이해를 초월해서 국가 경제의 비전과 미래 희망을 제시할 수 있는 진정한 '재계 총수'가 나오기를 기대한다.(2007.02.10)

재벌 후계자

〈부덴브로크가(家)의 사람들〉은 노벨 문학상을 수상한 독일의 문호 토마스 만의 명성을 세계에 알린 그의 대표적 장편소설이다. '어느 한 가족의 몰락'이라는 부제가 암시하듯, 이 소설은 작가의 고향인 뤼벡의 상인 부덴브로크 집안의 4대 100년에 걸친 이야기다. 번영에서 몰락에 이르는 과정을 사실적이면서도 섬세하게 그린 걸작이다. 1대 부덴브로크는 강인한 정신력과 탁월한 상재(商才)로 부를 일으키지만 나약한 성격의 2대, 예술에 심취한 3, 4대를 거치며 허물어진다. 여기서 따온 '부덴브로크 현상'은 기업이 100년을 지속하기 어렵다는 뜻으로 쓰인다.

염상섭의 소설 〈삼대〉 역시 이름난 만석꾼 조씨 가문이 일제 치하에 사회적 격동기를 거치며 몰락해가는 과정을 그린 작품이다. '부자 3대 가기 어렵다'는 속설은 동서양이 마찬가지인 모양이다. 역사에 등장하는 성공적 치세도 100년을 넘는 일이 드물다. 현대식 경영이론으로 말하면 '창업보다 수성이 어렵다'가 될 것이다.

연초 재계 인사에서 재벌 총수의 2, 3세들이 대거 경영전면에 나서 주목을 끌었다. 특히 삼성의 3세 이재용 삼성전자 상무는 전무로 승진하면서 최고고객관리자(CCO) 직책까지 부여받아 경영승계에 한발 더 다가섰다.

내로라하는 기업의 미래, 즉 한국경제의 미래를 짊어진 이들 젊은 경영인의 성공조건은 무엇일까. 삼성 이건희 회장이 이병철 선대 회장에게 물려받아 이재용 전무에게 그대로 전했다는 '경청(傾聽)'이란 휘호는 하나의 답이 될 것이다. 자신의 말을 앞세우지 말고, 남의 의견에 귀를 기울이라는 충고는 겸손한 자세와 열린 마음가짐에 대한 당부이다. 누구나 새겨야 할 삶의 지혜이지만, 태어나면서부터 부와 권력을 가진 재벌 2, 3세들은 교만과 독선에 빠지기 쉽기에 더욱 각별히 경계하라는 의미로 풀이된다.

  수성의 열쇠는 역시 경영 능력과 리더십이다. 무능한 2세가 경영을 승계해서 실패한 사례는 너무나 많다. 정당한 부의 세습에는 이의가 있을 수 없지만, 2세라고 무조건 경영권을 맡는 시대는 이제 끝났다. 경영자로서 자질이 없다면 뒤로 물러나 대주주의 역할만 하는 것이 본인을 위해서나, 사회를 위해서나 바람직한 일이다. 그렇기에 경영 전면에 나선 그들을 기다리는 것은 오너로서의 영광이 아니라 경영인으로서의 혹독한 시험이다. 구시대적 행태와 결별하고 기업이 존경받는 풍토를 만드는 일도 그들에게 부여된 무거운 사회적 책무다.

(2007.01.31)

🖋 조선 한국의 뿌리

거북선은 통념과 조금 다른 부분들이 있다. 먼저, 임진왜란때 처음 등장한 것은 아니다. 태종실록에는 태종이 임진강 나루에서 거북선과 왜선의 가상해전을 지켜봤다는 기록이 나온다. 해전에서 거북선의 유용성을 극찬하며 대량 건조를 청하는 보고서도 있다.

임진왜란을 승리로 이끈 주력함은 판옥선(板屋船)이었다. 거북선도 돌격선으로 맹활약을 펼쳤지만 3척뿐이어서 보조함이었다. 임란 직전에 개발된 판옥선은 2층 구조로 갑판의 전투원과 아래층의 노잡이를 분리할 수 있고, 견고함과 기동성을 두루 갖춰 왜선을 압도했다. 거북선도 판옥선의 개량품이다.

세계 해전사에 빛나는 임란의 승리는 이순신 장군의 영웅적 리더십 덕분이지만 그 바탕에는 조선의 앞선 조선(造船)기술이 있다는 얘기다. 건국 초기부터 왜구의 잦은 침입에 시달리며 해군력의 중요성을 절감한 조선은 수군을 육군에서 분리해 집중 육성하고 선박기술을 고도화하는 데 각별한 노력을 쏟았다. 그래서 조선술과 화포 제작 능력이 일본을 앞서고 있었다.

해상무역이 활발했던 고려의 조선술은 대단했던 모양이다. 몽골의 역사책 원사(元史)에는 '태풍을 만나 많은 우리 함선들은 다 파괴됐지만 고려 군함은 견고하여 정상적인 전투임무를 수행했다'는 대목이 있다.

면면이 이어온 한국의 조선기술이 활짝 꽃을 피우는 것일까. 세계 1위 한국 조선업의 승승장구가 경이로울 정도다. 2006년 상반기 전세계에서 발주된 선박 2,881만톤 가운데 1,206만톤을 따내 41.9%의 점유율을 기록했다.

2위인 일본(19.2%)보다 두배 이상 많은 물량이다. 전년 같은 기간에 비해 무려 60% 이상 늘어났다. 연말에는 사상 처음 2,000만톤 돌파라는 대기록을 수립할 전망이다. 현대 중공업, 삼성중공업, 대우해양조선 등 3개사가 치열한 경쟁 속에서 과감한 투자와 부단한 기술개발

노력을 경주해온 덕분이다.

　조선은 전체 수출에서 4〜5위(7%)에 그치고 있지만, 국내 경제에 미치는 파급 효과만큼은 누구보다 큰 효자산업이다. 유조선 한 척을 수주하면 배값의 90% 이상이 인건비, 자재비 등으로 국내에 남는다. 인력 의존도가 높아 고용창출 효과도 크다.

　향후 10년간은 너끈히 버티겠지만 중국의 추격이 간단치 않다. 한국의 10분의 1 수준에 불과한 인건비와 막대한 내수를 바탕으로 금세 일본을 추월할 태세이며, 2010년 한국 타도를 공공연히 외쳐댄다. 10년후 경쟁에 대비하며 경계의 끈을 늦추지 말아야 하는 이유다.

(2006.11.04)

✎ 별들의 전쟁

한국 경제가 4~6년후 큰 혼란을 맞을 수 있다고 섬뜩한 경고를 한 이건희 삼성회장은 내부 문제에 대해서도 "(생활가전 사업은) 한국에서 할 만한 일이 아닌 것 같다"고 솔직한 속내를 드러냈다. "내수는 모르겠지만 수출은 아니다. 개도국에 넘겨야 하지 않겠느냐"고 방향까지 제시했다. 생활가전은 한해 몇조씩 순익을 내는 반도체, 휴대폰, LCD 분야와 달리 삼성전자 주력사업군 가운데 만년 적자를 면치 못하고 있는 '미운 오리' 신세. 따라서 이회장 발언이 어떤 사업전략의 변화로 이어질지 궁금하다.

모든 분야에서 철저한 1등주의를 추구하는 삼성전자가 왜 유독 생활가전에서는 고전을 면치 못하는 것일까. 이 흥미로운 질문에 대한 답변을 같은 날 경쟁자인 LG전자의 이영하 생활가전부문 사장이 내놓았다. 한마디로 핵심역량의 차이라는 것이다. LG는 가전에 기업의 모든 역량을 집중할 수 있지만, 삼성은 반도체와 휴대폰이 주력이어서 가전에 전사적으로 자원을 투자할 수 없다는 설명이다. 그는 지금까지 그랬듯이, 앞으로도 가전 분야에서는 삼성이 적수가 될 수 없을 것이라고 장담했다. 이 주장의 타당성 여부를 떠나 그의 발언은 두 기업의 숙명적 라이벌 관계를 다시 돌아보게 한다.

국내의 전자산업 시대를 연 주역은 LG전자의 전신인 금성사다. 1959년 국내에서 처음으로 라디오를 개발한 금성사는 이어 냉장고, 흑백TV, 에어컨, 세탁기 등 가전의 국산화를 주도했다. 그러나 1968년 삼성이 뒤늦게 전자 사업에 뛰어들면서 모든 제품에서 한치의 양보도 없는 숨막히는 '별들의 전쟁'이 시작됐다. 한 회사가 신제품을 내놓으면, 상대는 밤을 새워서라도 다음날 비슷한 제품을 내놓는 무제한 경쟁이 이어졌다. 한쪽이 '기술의 상징'이라고 광고를 하면, 다른 쪽은 '첨단 기술의 상징'으로, '국내 최초'라고 하면 '세계 최초'로 맞불을 놓곤 했다.

1986년 매출면에서 삼성이 앞서자 양측 홍보 관계자들은 언론 기사에 표시되는 기업 순서를 놓고도 피말리는 신경전을 펴기도 했다. 때때로 고객을 속이기도 하고, 낯 뜨거운 진흙탕 싸움이나 법정 소송으로 번지기도 했지만, 두 기업의 사운을 건 경쟁은 국내 전자산업의 비약적 발전을 가져왔다. 삼성이 반도체, 휴대폰으로 특화를 하고, LG는 가전에 집중함으로써 전선이 다소 달라지기는 했지만, 지금도 두 기업은 한국 IT기술 발전을 이끄는 양대 축이다. 기업은 역시 경쟁을 먹고 자란다.

(2007.03.14)

상속세

"몇 명의 경주자는 100m 앞에서 출발하는 것이 아니라, 모든 경주자가 같은 지점에서 출발하는 사회를 추구해야 한다."

"상속세 폐지는 2020년 올림픽팀을 2000년 올림픽팀 금메달 수상자들의 아들들로 뽑자는 것과 다름없다."

감세를 통한 경기부양을 위해 조지 부시 대통령이 2003년 상속세를 폐지하려 하자 이런 비유를 들어가며 극력 반대했던 이는 학자나 시민운동가가 아니라 미국의 최고 갑부들이었다. 앞부분은 세계 최고 부자 빌 게이츠 마이크로소프트회장, 뒷부분은 세계 두번째 부자이자 금융황제로 불리는 워렌 버핏의 발언이다.

두 사람은 상속세 폐지에 반대하는 세계적 투자가 조지 소로스 등과 함께 '책임 있는 부자(Responsible Wealth)'라는 단체까지 결성해 상속 반대 운동을 해오고 있다. 게이츠는 3명의 자녀들에게 1,000만 달러(약 95억원) 정도의 재산만 남겨주고 전재산을 사회에 환원하겠다고 공언했다. 버핏은 더 나아가 모든 재산을 자기 이름을 딴 재단에 기부하고 세 자녀에게는 한 푼도 물려주지 않겠다고 밝혔다. 부자들이 자신들을 위한 상속세 폐지를 오히려 반대하는 이 일화는 미국 자본주의를 지탱하는 힘의 원천과 부자들이 존경 받는 이유를 함축적으로 설명해 준다.

시선을 국내로 돌리면 낯이 뜨겁다. 검찰에 의해 속속 드러나고 있는 현대자동차의 불법 행위들의 출발점은 경영권 승계, 즉 재산의 상속이다.

현대만이 아니다. 참여연대가 38개 그룹 250개 기업을 대상으로 지난 10년간의 주식거래를 분석해 문제가 있다고 최근 발표한 70여건의 거래 대부분도 종국에는 재산과 경영권 세습을 위한 작업이다. 이 조사 결과를 그대로 사실로 받아들일 수는 없지만, 상속이 당연한 것은 물론이고 갖가지 방법을 총동원해 당연히 내야 할 상속세마저도 회피하려고 애를 쓰는 것이 부끄러운 우리 현실이다.

상속세 납세실적을 보더라도 그렇다. 역대 최고 납세액은 2004년 작고한 설원량 대한전선 전 회장의 유족들이 낸 1,355억원이다. 2위는 교보생명 1,338억원, 3위는 태광산업 1,060억원 순이다. 모두 대재벌이 아니라 중견 재벌, 중견 기업가문들이다. 삼성, 현대자동차, SK같은 4대 그룹의 기업자산을 이들 기업과 비교한다면 최소 몇배, 최고 몇십배는 넘을 것이다. 현대차 사태는 세금 없는 부의 대물림은 더 이상 용납되지 않는다는 메시지다. 기업인이 존경 받는 사회 분위기는 국민이 아니라 기업인 스스로가 만드는 것이다.　　　　(2006.04.12)

현대자동차의 리스크

정권이 바뀔 때마다, 혹은 재벌 개혁의 구호가 높을 때마다 기업들이 홍역을 치르는 것이 어제 오늘 일은 아니지만 참여정부에서 재벌의 수난사는 보기에도 딱할 정도다. 정권 출범 직후 불법 대선자금 수사로 인해 손가락에 꼽히는 재벌 총수는 거의 빠짐없이 검찰에 불려간 것이 시작이었다. 이어 재계 4위인 SK는 대규모 분식회계 사건으로 손길승 전 그룹회장과 최태원 회장이 차례로 구속되고, 그룹이 공중분해 직전까지 가는 위기를 맞았다. 재계 1위 삼성 역시 2005년 터진 안기부 X파일 사건과 '삼성공화국' 논란에 휘말려 그룹 전체가 휘청거리다가 결국 정부에 백기를 들고 8,000억원의 사재를 출연하기에 이르렀다.

이번에는 재계 2위 현대자동차가 검찰의 비자금 수사로 '창사 이래 최대위기'라는 불안에 떨고 있다. 연초부터 환율상승과 고유가로 비상경영을 선포한 와중이어서 충격의 강도는 더하다. 재계 서열 4대 그룹 가운데 화를 면한 곳은 LG뿐이다.

한국 경제를 이끌어가는 견인차나 다름없는 이들 대기업의 불미스러운 뉴스를 접할 때마다 착잡한 마음을 금할 수 없다. 삼성전자나 현대자동차는 국내를 넘어 글로벌 무대에서 가장 성공적인 기업, 가장 혁신적인 기업으로 아낌없는 박수갈채를 받는 한국의 간판스타이자 국민적 자부심이다. 노무현 대통령이 최근 경제 5단체장과의 오찬에서 했다는 "기업은 참으로 위대하다"라는 찬사는 립 서비스가 아니라고 생각된다.

자동차산업은 국내 GDP의 10.3%, 조세액의 16.9%를 차지하는 경제의 버팀목이며 8가구 중에 1가구는 관련 업종에 종사할 정도로 고용효과도 크다. 반면 세계 최대 자동차업체 GM의 몰락이 상징하듯 어느 기업도 생존을 장담할 수 없는 지옥의 싸움터다.

그래서 40년이 못 되는 짧은 시간에 이룬 세계 7위라는 놀라운 성취를 돌아보며 샴페인을 터뜨릴 여유가 없다. 최근 신용평가기관 S&P 가 발표한 현대차에 대한 보고서를 읽어보면 도리어 식은땀이 난다. 약한 브랜드 이미지, 환율 변동에 따른 수익성 악화, 공격적 확장전략 에 따른 재무구조 부담 등이 리스크로 작용할 수 있다고 경고했다.

이렇듯 갈 길 바쁜 현대자동차가 전면적인 검찰 수사로 기능정지 상태에 빠져있으니 국가적으로도 불행한 일이 아닐 수 없다. 검찰 수 사가 불법행위는 낱낱이 파헤치더라도 기업에 미치는 피해는 최소화했 으면 하는 바람이 생기는 것은 당연하다.

그러나 생존의 기로에 선 현대자동차의 발목을 잡고 있는 덫은 검 찰 수사가 아니라 바로 현대 자신이다. 아직도 회계조작을 통해 비자 금을 조성하고, 글로비스 엠코 같은 비상장사에 매출을 몰아줌으로써 아들에게 편법적으로 경영권을 세습하는 구시대적 재벌경영 행태야말 로 글로벌 기업 현대의 앞날을 위협하는 진짜 리스크다. 국민들의 기 대를 분노로 바꾸는 자살행위다. 이런 상황에서 정몽구 회장은 직원들 조차 모르게 전격적으로 출국, 더욱 실망을 주었다.

그의 행동은 현대자동차 내부가 상식적인 상황판단과 합리적인 의 사결정이 마비상태에 있음을 극명히 드러내보였다. 그러한 조직 경직 성의 상당 부분은 정회장의 황제적 경영스타일에서 나온다는 것이 재 계의 대체적 분석이다.

특히 자동차 부품을 바꾸듯이 수시로 계열사 경영진과 임원들을 갈 아치우는 인사스타일은 조직 활력을 높이는 순기능보다는 총수에게 맹 종하는 조직문화를 낳는 역기능이 심하다는 것이다. 고임금에도 불구 하고 연례행사처럼 파업을 하는 노조와 전근대적 재벌경영에서 벗어나 지 못하는 경영진이 있는 기업이라면 앞날은 불 보듯 뻔하다.

이번 수사를 계기로 현대자동차가 구시대적 경영과 결별하고 진정 온 국민들이 사랑과 존경을 보낼 수 있는 투명하고 당당한 글로벌 기 업으로 새롭게 태어나기를 고대한다.　　　　　　　　　　(2006.04.05)

📝 눈물의 보리밭

국내 전자산업의 메카로 불리는 구미공단내 LG필립스 LCD 제4공장 앞에는 2년전만 해도 3,000평에 달하는 넓은 녹지가 있었다. 언뜻 보기에 잔디밭처럼 보이지만 실제 심어져 있는 것은 특이하게도 잔디가 아니라 보리였다.

회사 직원들 사이에서 '눈물의 보리밭'으로 불리는 이 곳에는 가슴 찡한 사연이 있다. 이 공장이 완공된 2001년은 세계 IT시장의 버블 붕괴로 LCD 가격이 폭락하면서 위기감이 한껏 고조되던 시기였다. 한 치 앞을 내다보기 힘든 이 불안한 상황에서도 투자를 강행한 회사측은 다른 비용지출만큼은 최소화하기 위해 잔디밭이 들어서야 할 자리에 대신 보리밭을 조성한 것이다.

이듬해 수확된 보리는 협력업체를 포함한 전직원에게 조금씩 나눠졌다. 보리쌀에 동봉된 짤막한 CEO의 편지는 "우리의 눈물이 젖어있는 보리쌀을 보면서 어려웠던 시절의 아픔을 잊지 말자"고 다짐했다. 그해 숙적 일본을 제치고 세계시장 점유율 1위로 올라선 LCD산업은 2003년 수출로 109억 달러를 벌어들이는 달러박스가 됐다. 보리밭 자리에는 요즘 새 LCD공장 건설이 한창이다.

새삼 흘러간 이야기를 꺼내는 이유는 지금 우리 경제가 그 같은 도전적 기업정신과 과감한 투자를 갈망하고 있기 때문이다. 투자는 미래에 대한 저축이다. 투자가 없으면 미래가 없다. 그러나 요즘 우리 기업들은 돈을 벌어도 투자는 하지 않은 채 현금으로 쌓아두거나 빚갚기, 자사주 사기에 열중하고 있다. 2003년말 기업들의 현금비축은 60조원대로 사상 최대 규모라고 한다.

기업들이 이렇게 투자를 기피하는 속사정에 대해 한 재계 인사는 "요즘 오너들 머릿속에는 경영권 생각밖에 없는 것 같다"고 설명한다. 2003년 소버린 사태이후 경영권 방어는 재계의 최대관심사로 등장한 게 사실이다. 정체도 분명치 않은 외국계 펀드가 1,700억원을 투자해

외형 50조원의 SK그룹을 흔드는 과정을 지켜보면서 다른 재벌 총수들이 느꼈을 불안과 충격은 충분히 짐작할 만하다.

상호·순환 출자를 통해 모든 계열사를 거미줄처럼 연결하는 방식으로 소수 지분만으로도 그룹 전부를 지배하는 것이 한국적 재벌구조의 특징이다. 그러나 총수의 그룹지배를 손쉽게 보장해온 이 장치가 국내 상장사에 대한 외국인의 지분이 절반을 넘어선 요즘에는 경영권 불안이라는 부메랑이 되고 있는 것이다.

기업의 지배구조를 투명화, 선진화하는 재벌개혁은 시대적 요구이다. 그러나 모든 개혁이 그렇듯, 성공의 열쇠는 기업이 개혁을 받아들이도록 몰아붙이는 것이 아니라, 스스로 변화에 나서도록 길잡이를 하는 것이다. 그러기 위해서는 재벌개혁에 대한 분명한 정책 방향이 제시돼야 하고 무엇보다 그 과정에서 경영권이 흔들리는 일이 없도록 세심한 배려가 필요하다.

이런 점에서 경영권에 영향을 미칠 수 있는 조치들은 가능한 한 신중해야 한다. 예를 들어 재벌 금융계열사에 대한 의결권 제한 조치로 삼성전자가 적대적 인수합병에 노출될 수 있다는 주장은 당장 현실성이 없다 하더라도 가능성만으로도 기업은 위협을 느낄 수 있다는 사실을 감안해야 한다. 경영권 불안으로부터 기업을 자유롭게 해주는 일은 지금 가장 효과적인 투자촉진책이다. (2004.05.20)

제8부

노사관계

❝시급한 노사관계의 선진화❞

'노조 조직률 10.3%'와 '세계 61개국 가운데 61위의 노사관계'
한국 노동문제의 현주소는 전혀 상응하지 않는 이 두가지 통계
가 함축적으로 설명한다. 앞에 나온 10.3%는 1977년 25.4% 이후
최저수준으로 떨어진 노조 조직률이다. 전체 노동자 10명 가운데
겨우 1명만이 노조에 가입해 있다는 뜻이다. 한자릿수로 떨어지
는 것은 시간문제다. 1980년대에 노사분규는 1년에 200건이 넘었
지만 지금은 18건에 불과하다. 통계상으로는 노동운동이 퇴조하
고, 노사관계가 안정을 찾아가는 모양새다.

그러나 외부의 평가는 다르다. 스위스 국제경영개발원(IMD)이
매년 발표하는 국가경쟁력 보고서에서 한국의 노사관계는 조사대
상 61개국 가운데 61위로 최하위다. 노사관계가 한국의 종합 순
위를 끌어내리는데 결정적 역할을 하고 있다. 실제로 외국 유력
언론들은 잘못된 노사관계가 경제성장의 발목을 잡고 있다고 보

도한다. 외국인 투자자들도 한국에 투자를 기피하는 첫번째 이유로 비타협적 노조를 꼽는다. 두 조사는 모두 2005년 통계다.

왜 이렇게 앞뒤가 맞지 않는 현상이 벌어지고 있을까. 한국의 노동운동이 대기업 노조 중심에 치우쳐 있고, 이들이 비타협적인 강성투쟁으로 부정적 이미지를 만들어내고 있기 때문이다. 그 대표적인 사례가 현대자동차 노조이다. 1987년 설립된 현대차 노조는 20년동안 단 한해를 제외하고는 매년 정례행사처럼 파업을 벌였다. 2007년초에는 지난해 연말 성과금 50%가 지급되지 않았다는 이유로 시무식장을 난장판으로 만들어 버렸다. 회사측이 노조간부를 고소하고, 손해배상 청구소송을 제기하자 다시 파업으로 맞서기도 했다.

현대차 노조가 비난의 표적이 되는 이유는 회사의 사정 따위는 상관없다는 식의 태도와 무관치 않다. 세계 자동차시장은 1위 기업 GM도 어느날 쓰러지는 지옥의 전쟁터이다. 더구나 환율 하락으로 현대자동차는 지난해 영업이익이 전년보다 크게 감소하는 등 비상상황을 맞고 있다. 노조가 합심을 해도 내일을 기약하기 어려운 상황에서 툭하면 파업을 하는 노조를 이해할 사람은 아무도 없다. 현대자동차의 경쟁기업인 도요타 자동차 한국지사장은 '파멸적 노조'라는 극한 표현으로 현대차 노조의 행태를 비난했다. GM을 제치고 세계 1위로 등극한 도요타의 노사관계는 현대차와 너무 대조를 이룬다. 순익이 1조엔을 넘었음에도 국제경쟁력을 더 강화하기 위해 노조가 스스로 임금인상 요구를 자제하고 있다.

그럼에도 불구하고 전반적으로는 대기업 노조가 과격한 투쟁에서 벗어나 합리적인 노사관계를 추구하는 경향이 뚜렷하다. 강성노조의 대명사로 꼽히던 코오롱 노조는 지난해 새 집행부가 들어

선 이후 민주노총에서 탈퇴하고 항구적 무파업을 선언했다. 노조는 선언문에서 "회사 경쟁력을 높이고 경영목표를 달성하는 게 근로자의 생존과 발전을 위한 길"이라고 천명했다.

양대 노총에도 변화의 바람이 불고 있다. 한국노총의 이용득 위원장은 노조가 노동과 자본의 대립과 투쟁에서 벗어나 노동자와 기업이 공존·번영하는 길을 찾아야 한다고 강조해왔다. 강성인 민주노총 역시 파업을 최대한 자제하고 대화를 통한 해결을 추구하겠다고 밝히고 있다.

노조의 태도 변화는 과거와는 판이하게 다른 노동환경의 변화를 인식한 결과이다. 개방화, 세계화로 인해 대립적 투쟁적 노동운동은 기업을 외국으로 쫓아내고 스스로 일자리를 차버릴 뿐이다. 무한경쟁에 내몰리고 있는 기업을 살리는 일은 그들의 일자리를 지키는 일이나 다름없다. 사용자와 노동자는 한배를 타고 있다. 노조가 달라지는 만큼 사용자도 달라져야 한다. 상생의 정신과 상호 존중의 협력관계를 만들어 내지 못한다면 기업도, 노조도 생존하지 못한다. 노사평화와 화합, 선진 경제로 가는 힘찬 행진곡이다.

📝 노조의 잔상효과

　빠르게 돌아가는 영화화면 속에 300분의 1초라는 짧은 순간 "콜라와 팝콘을 먹어라"라는 메시지를 집어넣으면 어떻게 될까? 찰나의 순간이라 관객들은 메시지를 알아차리지 못하지만, 콜라와 팝콘 매출은 갑자기 늘어난다. 하부 잠재의식에 특정 메시지를 주입하면 원하는 행동을 유도할 수 있다는 서브리미널(subliminal) 효과다. 이 이론은 1957년 미국의 한 마케팅전문가가 극장 실험을 통해 입증했다고 주장, 당시 학계를 충격에 빠뜨렸다. 인간의 의식을 조작할 수 있다는 결론이기 때문이다. 논란 끝에 결국 실험이 조작된 것으로 밝혀졌다.

　그러나 광고 선전 분야에서는 유사한 시도들이 끊이지 않는다. 2000년 미국 대선에서 조지 부시 공화당 후보의 TV광고는 민주당을 비방하는 일련의 단어들을 보여주면서 'Bureaucrats'(관료주의자) 대신 맨 마지막 부분, 즉 'rats'(쥐)만 나오는 장면 하나를 슬쩍 삽입했다. 유권자의 잠재의식에 '민주당＝쥐새끼'라는 메시지를 남기려는 비열한 시도였다. 이처럼 우리 눈이 인식한 그림이 망막에 오래 남아 있는 현상을 잔상(殘像)효과라고 한다. 동영상은 잔상효과를 이용해 연이은 정지화면을 고속으로 돌려 움직이는 영상으로 보이게 한다.

　외환위기 이후 우리는 국가 차원에서 외국인 투자유치를 위해 온 정성을 쏟았다. 지금은 그때만큼 열기가 뜨겁지는 않지만 해외 설명회(IR), 투자기업에 대한 지원 등 외국인 투자를 유인하기 위해 올해 책정된 예산만 1,000억원을 훨씬 넘는다. 최근에는 정세균 산업자원부 장관이 미국과 캐나다에서 한국투자 설명회를 열어 상당한 투자약속을 받아냈다고 한다. 그러나 이렇게 가까스로 붙잡은 투자자가 국내 산업단지의 심장부인 울산과 포항에서 요즘 벌어지고 있는 노조의 과격한 투쟁을 본다면 다시 생각을 바꾸지나 않을까 걱정스럽다.

　1주일 넘게 포스코 본사를 무단 점거하고 경찰에게 끓는 물을 끼얹는 포항 건설노조원, 한미 FTA 반대건의서 채택을 요구하는 울산 민주노총의 총파업, 12년째 거르지 않는 파업으로 자동차 수출을 막고 있는 현대자동차 노조 등 한국의 노동운동은 시간을 거꾸로 가고 있다. 법과 상식을 저버린 지 오래다. 식어가는 성장엔진을 되살리기 위해 국내든 국외든 투자가 절박한 경제에 비수를 꽂는 자해행위다. 그들에게는 한판 벌이고 끝나는 무용담으로 남겠지만 기업인들에게는 뇌리에서 결코 지워지지 않는 잔상이 될 것이다.   (2006.07.21)

제9부

제도와 의식

" 사회적 자본 강국으로 "

패션의 거리로 유명한 뉴욕 5번가에 세계 최대 다이아몬드 시장이 있다는 사실은 현지인들조차 잘 알지 못한다. 한 두 평 자리 점포가 3,000여 개나 밀집해 있는 이곳에서 거래되는 다이아몬드는 세계 시장의 절반을 차지한다. 90% 이상이 유태인인 상인들은 품질 확인이나 가공을 위해 그 비싼 다이아몬드를 주고받으면서 놀랍게도 아무런 확인절차를 거치지 않는다. 상대방이 다이아몬드를 가짜나 저질 제품으로 바꿔치기 할 위험성을 전혀 걱정하지 않는 것이다. 상인간의 절대적 신뢰는 이 시장이 효율적으로 작동하는 비결이다.

경제 규모면에서 우리는 언젠가 1인당 국민소득 3만 달러, 아니 5만 달러를 넘어 선진국 클럽에 가입하게 되리라 믿는다. 그러나 선진국의 입학조건은 국민소득뿐이 아니다. 법과 제도가 정의롭고 존중받는 사회, 사람과 조직에 대한 깊은 신뢰가 살아있는 안전한 사회, 공정한 경쟁이 보장되고 창의적인 기업활동이 가능한 사회가 진정으로 우리가 추구해야 할 선진국이다.

이러한 사회적 조건을 한마디로 사회적 자본(Social capital)이라고 부른다. 경제 발전을 위해서는 공장 같은 물적 자본과 기술 같은 인적 자본뿐 아니라 신뢰와 규범, 시민적 연대 같은 사회적 인프라가 중요하다는 주장이다. 이 개념을 처음 제기한 하버드대학의 로버트 퍼트남 교수는 1960년대 이후 미국 사회에서 모든 자발적 결사체의 참여율이 급격히 떨어지는 현상을 지목하며, 미국의 건강성을 지탱해온 시민 참여문화가 사라지고 있다고 개탄했다. 그의 논문 제목은 <나홀로 볼링 : 미국 사회적 자본의 쇠퇴(Bowling Alone: America's Declining Social Capital)>이었다.

미국의 역사학자 프랜시스 후쿠야마는 보다 구체적으로 '신뢰(trust)'를 경제발전의 열쇠라고 주장했다. 신뢰는 거래비용을 줄이고 분업과 협동을 가능하게 하기 때문에 신뢰가 높은 사회일수록 더 발전하게 된다는 논리다. 그는 이같은 내용을 담은 저서 '트러스트'에서 구성원 간에 신뢰가 낮은 대표적 '저신뢰 사회'로 한국, 중국, 이탈리아를 꼽았다. 가족 내의 결속력은 강한 반면 타인에 대한 신뢰는 낮은 것이 이들 국가의 특징이라는 얘기다.

실제로 KDI가 2006년 국내 최초로 조사한 사회적 자본 실태 조사에 따르면 우리 사회 신뢰 수준은 위험 수준이다. 불신은 0점, 신뢰는 10점으로 평가한 결과 국회(2.95점), 정당(3.31점), 정부(3.35점), 지방자치단체(3.89점), 법원(4.29점), 경찰(4.49점)등 국가기관에 대한 신뢰가 극히 낮았다. 처음 본 낯선 사람에 대한 신뢰도(4점)만도 못한 수준이다. 또 응답자의 70%가 공직자 2명 중 1명은 부패하다고 여겼다. 특히 '공무원들은 법을 잘 지킨다고 생각하는

가'라는 질문에 응답자의 61%가 '별로 혹은 전혀 지키지 않는다'
고 대답했다. 2001년에 실시된 세계가치관조사(World Value Survey)
결과에서도 한국의 사회신뢰지수는 2.7점으로 스웨덴(6.6), 일본(4.3),
미국 (3.6)에 크게 뒤처졌다.

동창회, 향우회 같은 연고조직에 대해서는 절대적인 신뢰와 소
속감을 보이면서, 사회와 국가 같은 공적 공동체에 대한 관심은
거의 보이지 않는 것이 한국사회의 현주소다. 의식수준부터가 전
근대적인 지역주의와 연고주의라는 좁은 우물에서 벗어나지 못하
고 있는 것이다.

사회적으로 불신은 막대한 비용을 초래한다. 은행에서 거래를
할 때 신용이 없으면 담보를 요구하는 이치와 같다. 담보만큼 불
필요한 비용이 낭비된다. 법에 대한 불신은 편법이 판을 치는 사
회 풍조를 낳고, 공교육에 대한 불신은 사교육의 팽창을 불러 학
부모에게 막대한 부담을 안기고 있다. 대학에 대한 불신은 대학
자율을 막는다. 정부에 대한 불신은 정책 집행의 발목을 잡는 한
편 편법적인 방법을 통해 문제를 해결하려는 음성적 로비를 조장
한다. 노사간의 불신은 적대적인 노사관계로 이어져 경제적 손실
을 부른다. 네덜란드, 아일랜드, 스웨덴 같은 유럽국가들은 경제
적 위기에 봉착하자 노사정 대타협을 통해 위기를 극복했다. 사
회적 신뢰라는 토대가 있었기에 가능한 일이다.

불신은 불신을 낳고, 신뢰는 신뢰를 낳는다. 불신의 악순환을
신뢰의 선순환으로 바꾸지 못하는 한 우리는 선진국 문턱을 넘을
수 없다.

그림 | 10

기관 및 분야별 신뢰 수준 (10점 만점)
5.44
5.41
4.91
4.85
4.69
4.61
4.49
4.29
4.22
3.89
3.35
3.31
2.95
교육기관
시민단체
언론
군대
대기업
노동조합
경찰
법원
검찰
지방자치단체
정부
정당
국회

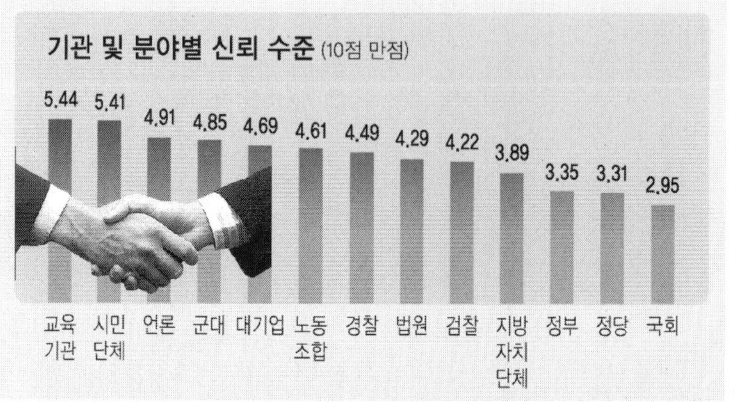

〈자료 : KDI〉

〝공동체 의식이 실종된 사회〞

"비즈니스맨들이 이기적인 것처럼 정부 관료들도 그들 못지않게 이기적이다." 노벨 경제학상 수상자 제임스 뷰캐넌이 창시한 공공선택학파 이론의 핵심은 이 한마디로 요약된다. 기업인처럼 정치인이나 정부 관료도 정치적 이익과 권력의 극대화라는 이기적 동기에 따라 행동한다는 주장이다.

공무원사회가 공익은 뒷전인 채 제밥그릇 챙기기에 급급하는 모습은 너무 익숙하다. 과연 그들에게 국민에 대한 봉사자라는 인식이 있기나 한 것인지 의심스러울 때도 많다. 세상을 떠들썩하게 한 한화그룹 김승연 회장의 보복폭행 사건 이후 경찰에서 벌어지는 사태는 공직사회의 이기적 행태가 어느 수준인지 잘 보여주었다. 서울경찰청장과 수사부장, 형사과장, 남대문 경찰서장 등 수사 지휘부가 전임 경찰청장의 청탁 전화를 받고 수사를 무마하려 했다는 혐의만으로도 사법기관으로서 경찰의 신뢰는 씻을 수 없는 상처를 입었다. 그들은 수사를 왜곡시키려 했을 뿐 아니라 사건이 공개된 이후에도 거짓 해명으로 국민을 속인 사실들이 여실히 드러났다.

그러나 이러한 비리보다 더 놀라운 일은 경찰 조직의 반응이었다. 이택순 경찰청장이 내부 감찰 결과를 근거로 연루된 경찰 간부에 대한 수사를 검찰에 의뢰하자 경찰 내부가 들끓었다. 경찰청장의 사퇴를 요구하는 글이 게시판에 쏟아지고, 경찰청사 앞에서는 전·현직 경찰관들이 청장 퇴진을 요구하는 시위까지 벌이는 초유의 사태가 벌어졌다.

정작 그들이 분노하는 이유는 국민의 분노와는 성격이 달랐다. 경찰청장이 청와대의 지시로 검찰에 수사를 의뢰한 사실에 대해 용납할 수 없다는 논리다. "무능한 간부는 적보다 무섭다. 수사관 독립의 '수'자도 꺼낼 자격이 없다"는 경찰 게시판 글이 그렇다. 경찰대학 출신을 대변한다는 한 경찰 간부는 이 청장의 사퇴를 공개요구하면서 "청장이 검찰에 수사를 의뢰한 것은 수사권독립 포기 선언과 다름없다"고 흥분했다.

그들이 비분강개하는 이유 어디에도 경찰의 본분을 저버린 비리에 대한 반성이나 비판은 없다. 법과 정의의 수호자라는 15만 경찰의 자부심을 휴지조각으로 만들어 버린 데 대한 질타도 들리지 않는다. 대등한 관계로 만들고 싶은 검찰 앞에 경찰 수뇌부가 줄줄이 피의자로 나서게 됐다는 치욕이 부끄러울 뿐이다. 수사권 독립이라는 조직의 지상명제가 불가능해졌다는 상황에 분노할 뿐이다. 국민의 인권을 지키고 법질서를 세우는 본연의 논리는 간 데 없고 조직의 논리만이 판치고 있을 뿐이다.

경찰만 탓할 일도 아니다. 언제부터인가 우리 사회에서는 공공의 이익과 선을 추구하는 건전한 공동체 의식이 힘을 잃어가고, 이기적 조직의 논리가 기승을 부리고 있다. 김승연 회장의 보복폭행도 지극히 사적인 사건임에도 불구하고 기업이 조직 차원에서 개입함으로써 사태를 이 지경에 이르도록 했다. 무슨 짓이든 해서라도 오너를 보호해야 한다는 조직의 논리 앞에 아무도 이의를 제기하지 못하는 기업 풍토가 오히려 사태를 악화시켰다는 얘기다.

천문학적 빚을 짊어지고도 조직을 늘리고, 각종 편법으로 임금을 올리기에 급급한 공기업이나 악화하는 경영사정에도 불구하고 파업만 일삼는 일부 대기업 노조도 조직 이기주의의 전형이다.

현직 기자 시절 누구보다 정부의 언론통제 시도에 비판적이었던 언론인들이 권력에 가담해서는 그 통제에 앞장서는 사례에서도, 조직 논리에서 자유롭지 못한 개인의 왜소함을 절감하게 된다.

사회를 움직이는 실체는 개인보다 조직이다. 어떤 조직이든 그 조직의 이익과 발전을 추구하는 법이다. 사회나 국가는 가장 큰 조직이다. 자기가 속한 작은 조직의 이익에만 매몰되는 것은 근시안적 자세다. 보다 넓은 공동체적 질서와 이익에도 눈을 돌려야 한다.

버블 붕괴

케네디는 자신의 구두를 닦던 소년으로부터 투자할 만한 주식을 추천해 달라는 부탁을 받고 깜짝 놀란다. "주식 투자의 광풍이 이 정도라면……" 그는 사무실로 돌아오자마자 모든 주식을 팔아치우고 현금화했다. 얼마 뒤 뉴욕증시는 대폭락했고 대공황이 세계경제를 덮쳤다. 1929년 대공황에서 유일하게 살아남은 이 주인공은 존 F 케네디 전 미국대통령의 아버지인 조지프 케네디다. 자신이 주가조작세력이었으면서도 뉴욕증권거래소(SEC) 초대이사장을 지내기도 한 그는 거품 붕괴의 시기를 정확히 간파해 대공황 속에서도 1,000만 달러를 버는 신화를 남겼다.

경제에서 버블(거품)이란 자산의 내재가치에 비해 시장가격이 과대평가된 상태를 의미한다. 그러나 정작 어느 수준을 넘으면 버블인지를 가려낼 방법은 없다. 그 비법을 알아낸다면 엄청난 부를 챙길 수 있고, 그 자체로 노벨상 감이다. 버블이 형성되는 과정에는 비이성적인 군중심리가 작용하기 때문이다. 투자할 때나 팔아치울 때 모두 뻔히 보이는 사실들을 외면한 채 다른 투자자들의 행동에 따라 이리 가고 저리 간다. "개인으로서의 인간은 이성과 상식을 갖추고 있지만 군중 속에 있을 때는 바보가 된다"는 독일 극작가 쉴러의 지적 그대로다.

국내외적으로 버블 논쟁이 뜨겁다. 세계적으로는 무섭게 치솟던 원유, 원자재 가격이 돌연 폭락세로 돌아서 이제는 자산거품 붕괴론이 제기된다. 그 진앙은 비관적 경제 전망으로 유명한 스티븐 로치 모건스탠리 수석이코노미스트의 보고서였다. "원자재 시장은 폭발을 앞둔 버블 상태"라는 그의 한마디에 세계상품시장은 순식간에 폭락장세로 돌변했다. 로치는 비이성적인 상품가격 급등세는 투자자들이 공급쪽 요인만 바라보며 가격 트렌드 등 객관적 증거를 무시하는 '심리적 부정(Psychological denial)'의 결과라고 지적했다.

모건스탠리의 또 다른 수석이코노미스트 앤디 시에는 한국경제의 버블이 위험 수위로 치닫고 있다며 특히 서울 부동산값은 일본형 버블 초기 단계에 해당한다고 경고했다. 이 분석에 고무라도 된 듯 부동산 정책 책임자들이 일제히 나서 부동산 거품론을 제기하며 폭락 가능성을 떠들어 대고 있다. 자산 폭락이 경제에 미칠 악영향을 누구보다 잘 아는 관료들이 '폭락', '붕괴' 같은 극단적 용어를 남발하며 위험한 전망을 하는 이유가 궁금하다. 혹시 경제가 어떻게 되든 부동산만은 잡아야 한다는 집단심리에 빠져 있는 것은 아닌가.   (2006.05.19)

그린벨트와 금산(禁山)

조선시대 한양 주변의 울창한 산들은 '금산(禁山)'이라고 해서 벌채와 토석 채취 등 일체의 개발행위를 엄격히 금하였다. 오래된 나무들을 보호해 유사시 전선(戰船)을 만들거나 왕실 건축에 쓰기 위한 목적이었다. 조선왕조실록을 살펴보면 금산 훼손에 대한 처벌은 매우 가혹했다. 세조 때는 나무 한 두 그루를 벤 자에 대해 곤장 100대를 치고, 열 그루 이상을 베었으면 곤장과 함께 온 집안을 변방으로 이주시켰다. 베어낸 만큼 다시 심도록 한 기록도 있다. 금산을 조선시대 그린벨트로 비유하는 이유는 엄격한 보전정신 때문이다.

1971년 당시 박정희 대통령의 지시로 지정된 그린벨트(개발제한구역)는 전 국토의 5.4%인 5,397.1㎢에 달했다. 런던 외곽에 폭 10마일의 고리모양 녹지대를 설정한 영국이 모델이었다. 박 대통령은 그린벨트 규정을 결재할 때 표지에 "건설부 장관이 개정할 수 있으되 반드시 대통령의 결재를 득할 것"이라고 써넣었다. 그런 강력한 의지 덕분에 그린벨트는 엄청난 개발압력에도 불구하고 30년 이상 '신성불가침'의 성역으로 보호될 수 있었다. 국내에서는 재산권 침해라는 비판이 있지만 외국에서는 환경친화적인 도시정책의 모델로 높은 평가를 받는다.

개발독재자인 박정희도 끝까지 지켜온 것을 김대중·노무현 정부에서 개발을 명분으로 함부로 해제, 훼손하는 모습은 역설적이다. 훼손 정도도 갈수록 노골적이다. 처음에는 녹지 기능을 상실한 지역만 선별해 예외적으로 해제한다고 하더니 야금야금 해제지역이 넓어지고 이제는 아예 그린벨트마다 대규모 임대주택단지를 지으려 한다. 중앙도시계획위원회가 최근 서울 강남구 세곡동과 강동구 상일·하일동 일대 그린벨트 해제 및 국민임대아파트 건설계획에 대해 부적합 결정을 내린 것은 무분별한 개발에 제동을 걸었다는 점에서 박수 받을 일이다.

두 지역은 서울 강남구와 성남시 사이, 강동구와 하남시 사이의 산림이 우거진 녹지축을 형성하고 있어 보전가치가 높다는 것이 위원회가 개발을 허가하지 않은 이유다. 이에 앞서 감사원은 정부의 임대주택 건설 목표량이 수도권의 수요량보다 3~5배나 많다고 지적한 바 있다. 수요도 없는 주택을 지으려고 '도시의 허파'라는 그린벨트를 마구 훼손하고 있으니 한심하기 짝이 없는 일이다. 한쪽에서는 멀쩡한 그린벨트를 훼손하고, 다른 한쪽에서는 엄청난 예산을 들여 새로운 녹지공간을 건설하는 우스꽝스러운 일은 이제 제발 그만두기를 바란다.

(2006.08.02)

✎ 사치품과 명품

　인간은 최소 비용으로 최대 효과를 찾는 합리적 소비를 추구한다는 가정은 경제학을 떠받치는 기본 전제다. 가격이 오르면 수요는 감소한다는 것이 유명한 마샬의 수요법칙이다. 그러나 실생활에서는 비쌀수록 도리어 수요가 늘어나는 비합리적 소비행태가 버젓이 존재한다. 미국의 경제학자이자 사회학자 베블렌은 이를 사치적 소비를 통해 신분을 과시하려는 현상이라고 분석해서 '베블렌 효과'라는 용어를 낳았다. 비싸고 쓸모도 적은 은제품이 상류층의 식기로 널리 쓰이는 유일한 이유는 과시적 소비 때문이라고 그는 설명한다.

　싸구려 중국시계를 스위스 명품이라고 속여 수천만원씩 받고 판 명품시계 사건은 베블렌 효과를 극적으로 활용한 사기 수법이다. 최근에는 180년 전통의 이탈리아 명품이라던 시계 역시 가짜라는 보도가 있어 경찰이 가짜 명품에 대한 전면 수사에 나섰다. 문제의 가짜 명품업체는 강남 한복판에 초호화 매장을 내고 유명 연예인을 개점행사에 대거 동원했는가 하면 유명 인사들에게 시계를 선물로 뿌리는 판촉전략을 썼다. 명품을 찾는 소비심리에는 천박한 과시욕과 함께 명품을 쓰는 계층과 자신을 동일시하려는 욕구가 있다는 점을 간파한 상술이다.

　허황된 명품소비 심리 못지않게 심각한 문제가 명품이란 말의 남용이다. 요즘 명품으로 통하는 제품들은 실은 사치품이 더 적합한 표현이다. 과거 박정희 정권 시대만 해도 이들 제품은 사치품이라고 불렸다. 영어로도 '값비싸고 호화스럽다'는 의미의 럭셔리(Luxury) 제품이라고 표현한다. 그런데 언제부터인가 이들 사치품이 장인정신과 예술혼이 살아 있는 작품을 의미하는 명품으로 슬며시 간판이 바뀌었다. 사치라는 단어의 거부감을 없애고 예술작품이라도 소장한 듯한 자부심을 느끼게 해주는 말장난이 절묘하다.

　과시적 소비는 베블렌이 19세기말 2차 산업혁명을 통해 부를 축적한 벼락부자들의 타락적 소비행태를 질타하면서 쓴 용어다. 당대에 부를 축적한 부자들이 전통적 부자에게 자신의 부를 과시하기 위해 돈을 물 쓰듯 했기 때문이다. 우리 사회의 잘못된 소비행태의 이면에도 갑작스레 부를 얻은 졸부들의 과시욕이 있다고 생각된다. 고 정주영 현대그룹 명예회장은 구두 굽이 닳는 것을 막기 위해 징을 박아가며 30년 동안 같은 구두를 사용한 것이 사후에 밝혀져 새삼 감동을 주었다. 진정한 부자의 소비가 어떤 것인지를 깨닫게 해준다.　　(2006.08.16)

식중독과 대장금

국내보다 중국등 동남아시아 전역에서 더 폭발적 인기를 끌었던 드라마 대장금에서는 장금이 의녀들의 미움을 사서 역병이 도는 마을로 보내진다. 원인 불명의 병에 의해 마을 사람 대부분이 고열과 설사로 앓아눕자 나라에서는 돌림병으로 판단해 마을을 폐쇄하고 가옥을 모두 불사른다. 그러나 장금은 전염병이 아니라 주민들이 병든 채소를 먹어서 생긴 집단식중독이라는 사실을 밝혀낸다. 장금을 시기하는 최상궁 무리가 거짓이라고 반박하자 진위를 가리기 위해 최상궁이 직접 채소를 먹어 보도록 한다. 결국 최상궁도 식중독에 걸려 장금의 결백이 밝혀진다.

대장금 이야기는 조선왕조실록에 대장금이란 이름이 여러 차례 나온다는 것을 제외하고는 모두 허구이다. 그러나 식중독 여부를 가리기 위해 사람을 상대로 임상실험을 한 것은 사실인 모양이다. 조선 중종실록을 보면 세자(인종)가 물린 아침 수라에서 남은 생치(生雉·익히지 않은 꿩고기)와 식해(食醢·삭힌 생선)를 먹고 관리와 하인 여러 명이 구토와 복통을 일으키는 사고가 발생한다. 보고를 받은 중종은 '경악스러운 일'이라고 질타하면서 그 식품의 출처에 대한 자세한 조사와 함께 나머지 식해를 다른 하인들에게도 먹여 시험을 하라고 지시한다.

발열과 복통, 설사 같은 증상으로 나타나는 식중독은 독성물질이 포함된 음식물을 섭취했을 때 생겨나는 병이다. 살모넬라, 장비브리오처럼 세균에 의한 감염이 대부분이지만 이번 경우는 노로바이러스(Norovirus)가 원인물질로 추정된다. 노로바이러스는 물을 매개로 급속도로 감염되는 게 특징이다. 그리고 육류에서는 거의 발견되지 않기 때문에 채소나 어패류를 씻고 조리하는 과정에서 바이러스가 침투한 것으로 추정된다. 오염된 채소 탓이라면 대장금 작가가 가상한 상황이 현실에서도 충분히 일어날 수 있는 셈이다.

대기업이 맡은 학교급식에서 이런 원시적 사고가 일어난 것은 개탄스러운 일이다. 다시 대장금 얘기로 돌아가면, 장금은 조선을 방문한 명나라 사신이 최고급 요리 만한전석(滿漢全席)을 먹고 싶다고 하는데도 소갈(당뇨)이 있는 사신을 생각해 소박한 식사를 올린다(실은 만한전석은 청나라 때 음식이다). 사신은 "왜 적당히 내가 원하는 음식을 해주지 않고 고집을 피웠느냐"고 묻는다. "그 어떠한 경우에도 먹는 사람에게 해가 되는 것을 올려서는 안 되는 것이 음식을 하는 자의 도리"라고 장금은 말한다. 온 국민이 지금 하고 싶은 말이다.

(2006.06.26)

🖊 브로커

그는 백악관의 어느 방이라도 마음대로 들락거릴 수 있는 미 정계 최고의 로비스트이자 숨은 실력자다. 200여명의 변호사를 거느리고 보수만 두둑하다면 무슨 일이든 마다하지 않는 그의 별명은 '권력 브로커'. 그렇게 잘 나가던 그는 첩보위성을 원격조종할 수 있는 프로그램 거래에 손을 댔다가 러시아 이스라엘 등 각국 첩보기관에 쫓기는 신세가 된다. 그와 은밀한 거래를 주고 받았던 대통령은 CIA의 압력 때문에 그를 사지로 내몬다. 지난해 국내에도 소개돼 인기를 끌었던 존 그리샴의 첩보스릴러 〈브로커(The Broker)〉의 주요 스토리다.

브로커는 상거래에서 수요자와 공급자를 연결해주는 중개인을 뜻한다. 보험중개인, 부동산중개인, 통관중개인, 증권중개인 등이 대표적인 브로커들이다. 중개를 주업무로 하는 기업은 중개회사(Brokerage)라고 부르며 증권회사가 흔히 이렇게 불린다. 그런데 언제부터인가 우리 사회에서는 브로커가 사기성이 있는 거간꾼 정도의 부정적 의미로 쓰이고 있다. 특히 최근 각종 비리사건에는 브로커가 빠지지 않고 등장한다. 이들은 기업 등 누군가의 의뢰를 받고 권력자나 공무원에게 청탁해 이권을 따내거나 유리한 결정을 이끌어내는 이권 중개인이다.

법조계, 경찰, 군 등의 고위인사 수백명과 형님 동생 사이로 지냈다는 법조브로커 윤상림씨에 이어 이번에는 경제계를 쥐락펴락 했다는 금융브로커 김재록씨 사건으로 세상이 시끄럽다. 거물급이라는 호칭에 걸맞게 두 사람은 주로 최고위층 인사들을 상대하며 그들 못지않은 위세를 부렸다. 피라미 브로커와의 결정적 차이는 뇌물을 바치고 청탁을 하는 게 아니라 오히려 판·검사, 경찰간부로부터 수천만원씩 돈을 뜯어내는 간 큰 행각이다. 경찰 2인자가 "험담을 할까봐 멀리하지 못했다"고 실토할 정도로 윤씨는 고위인사들의 약점을 파고들어 쥐고 흔들었다.

중개인은 수요자와 공급자 간의 정보흐름이 투명하지 않거나 원활

하지 못할 때 폭리를 취하게 된다. 간혹 복잡한 농산물 유통구조로 인해 농민과 소비자 대신 중개인의 배만 불리는 사례가 그렇다. 브로커가 판치는 사회는 권력과 국민 사이의 의사소통이 마비된 상태다. 참여정부가 외치는 투명한 국정시스템이 작동하지 않는다는 반증이기도 하다. 그늘 속에서 이뤄지는 검은 거래를 근절하기 위해서는 로비의 양성화를 적극 검토할 때다. 때마침 국가청렴위원회가 일정한 기준을 마련해 로비를 양성화하는 법안을 국회에 제출한다고 하니 계기도 마련된 셈이다. (2006.03.30)

· 저자 ·

배정근   · 약 력 ·

　　고려대 신문방송학과를 졸업하고 뉴욕주립대 정보통신경영 석사과정을
마쳤다. 한국일보에서 경제부장, 부국장을 거쳐 현재 경제담당 논설위원
으로 재직하고 있다. 대통령 정보공개위원회 위원, 물가안정위원회 위원
으로도 활동하고 있다.

저널리즘이 본 한국경제

· 초판 인쇄 ｜ 2007년 7월 30일
· 초판 발행 ｜ 2007년 7월 30일

· 지 은 이 ｜ 배정근
· 펴 낸 이 ｜ 채종준
· 펴 낸 곳 ｜ 한국학술정보㈜
　　　　　　경기도 파주시 교하읍 문발리 526-2
　　　　　　파주출판문화정보산업단지
　　　　　　전화　031) 908-3181(대표) · 팩스　031) 908-3189
　　　　　　홈페이지　http://www.kstudy.com
　　　　　　e-mail(출판사업부)　publish@kstudy.com
· 등　　록 ｜ 제일산-115호(2000. 6. 19)
· 가　　격 ｜ 10,000원

ISBN　978-89-534-7049-1 93320 (Paper Book)
　　　　978-89-534-7050-7 98320 (e-Book)